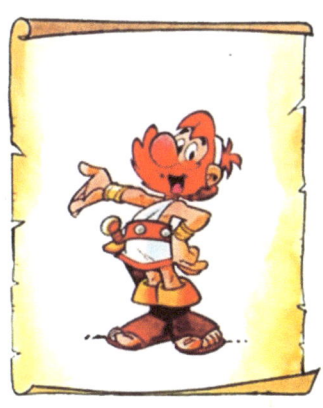

ULISSE
Piccolo e astuto va per i mari con il bottino predato a Troia cercando di tardare il più possibile il ritorno dalla sua poco amata Penelope.

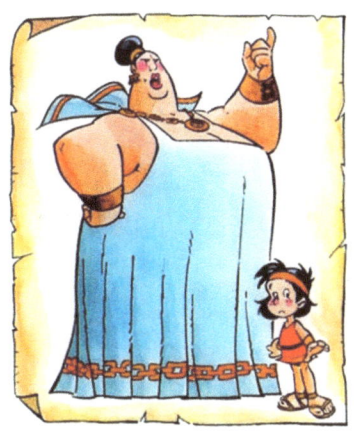

PENELOPE TELEMACO
Grossa e imponente la cui bellezza discutibile spiega il perchè Ulisse sia fuggito a guerreggiare a Troia. Il suo hobby è tessere tuniche sempre troppo grandi per il suo amato sposo.

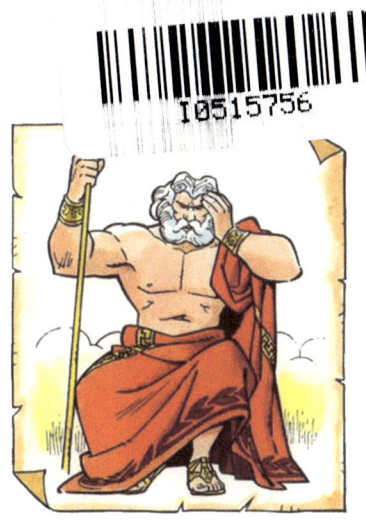

ZEUS
Capo di tutti gli Dei fa da tramite tra il mondo dei mortali e L'Olimpo.

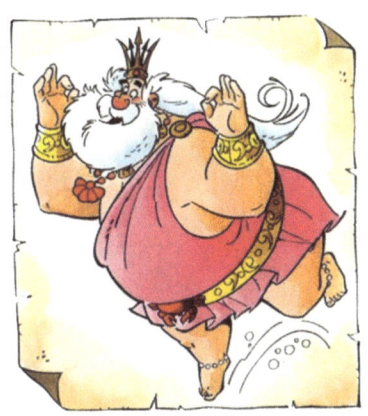

POSEIDONE
Il Dio dei mari è un giocherellone che ama circondarsi della compagnia delle più graziose sirenette degli abissi. Viene sempre in aiuto di Ulisse quando rischia di avvicinarsi troppo ad Itaca.

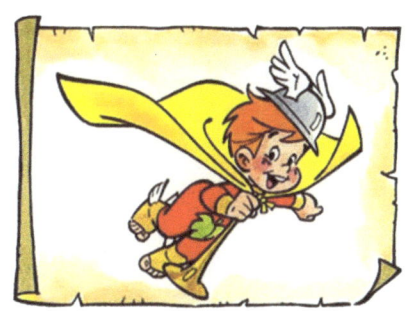

ERMES
Il piccolo messaggero degli Dei, fa da tramite tra il mondo dei mortali e l'Olimpo.

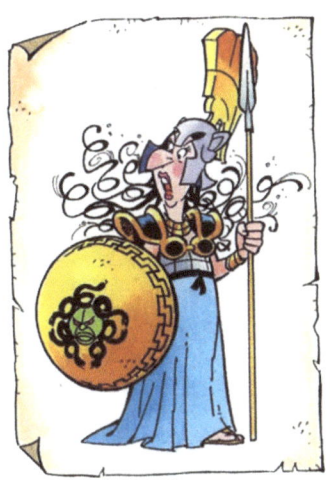

ATENA
Dea della sapienza, parteggia apertamente per Penelope e sconvolge le strategie di Ulisse per non tornare a casa. Il suo problema è trovare un buono shampoo antiforfora per i suoi capelli.

LE AVVENTURE DI VLISSE

IL CICLOPE POLIFEMO

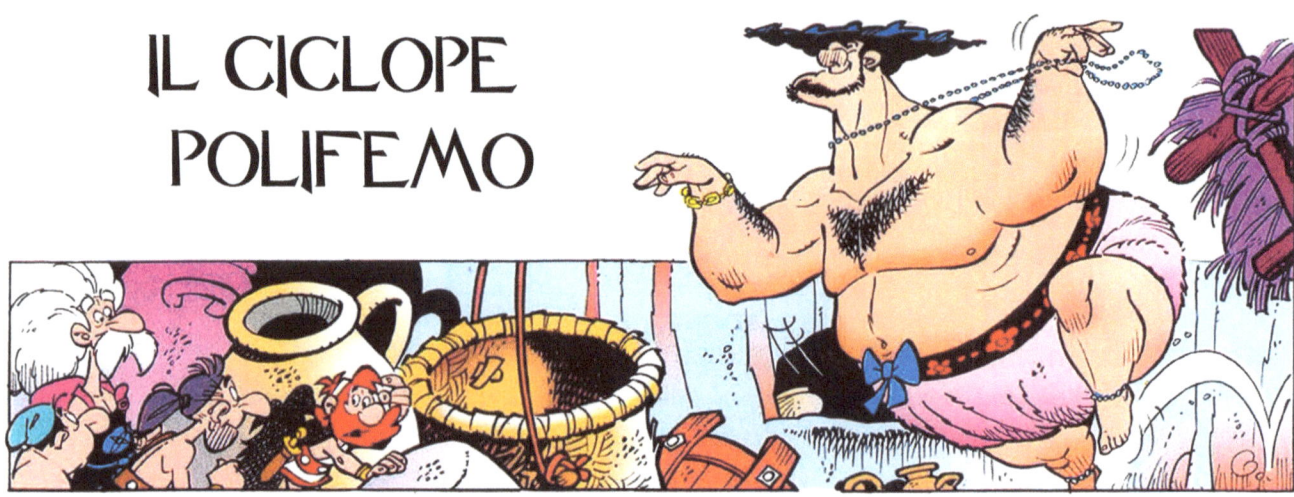

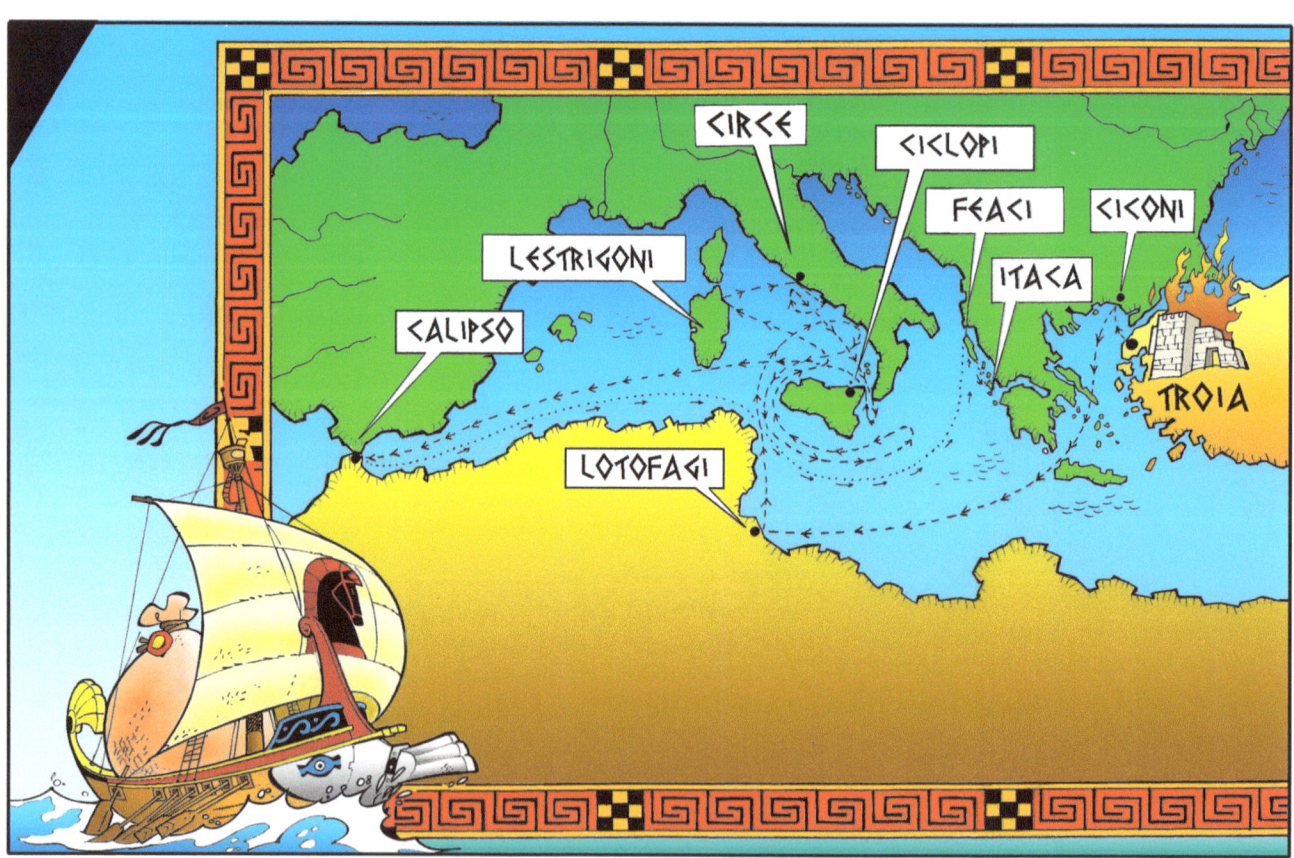

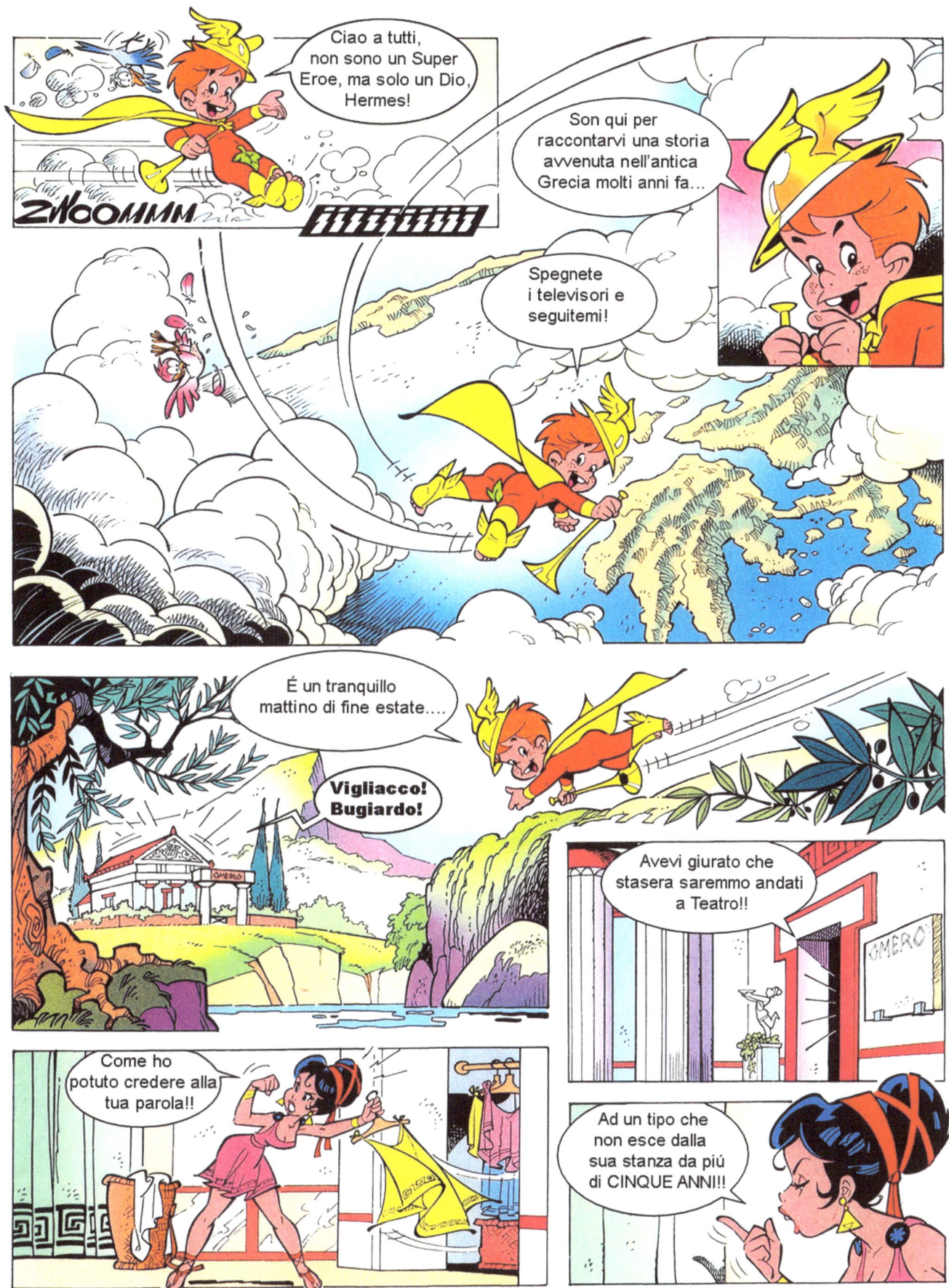

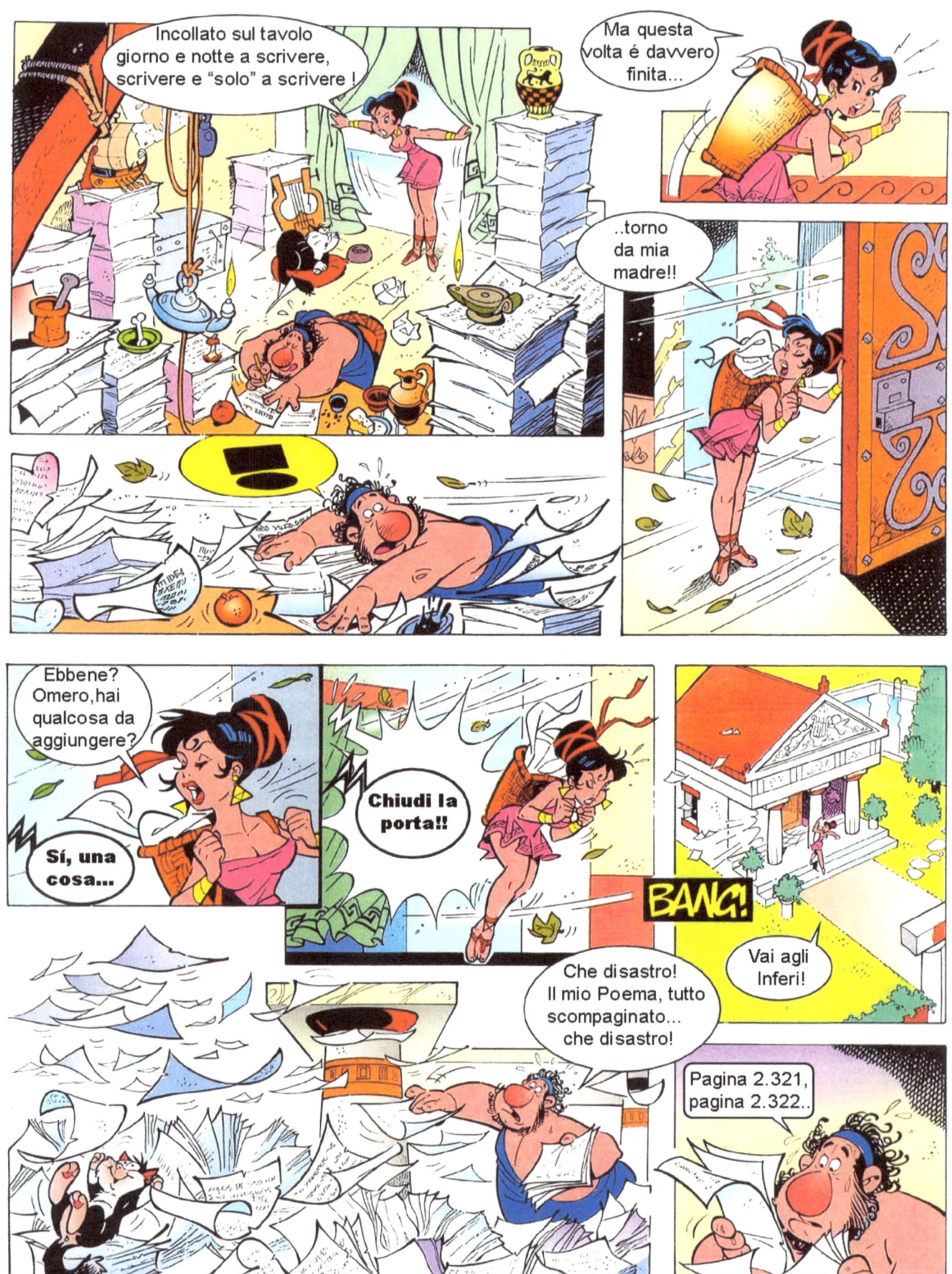

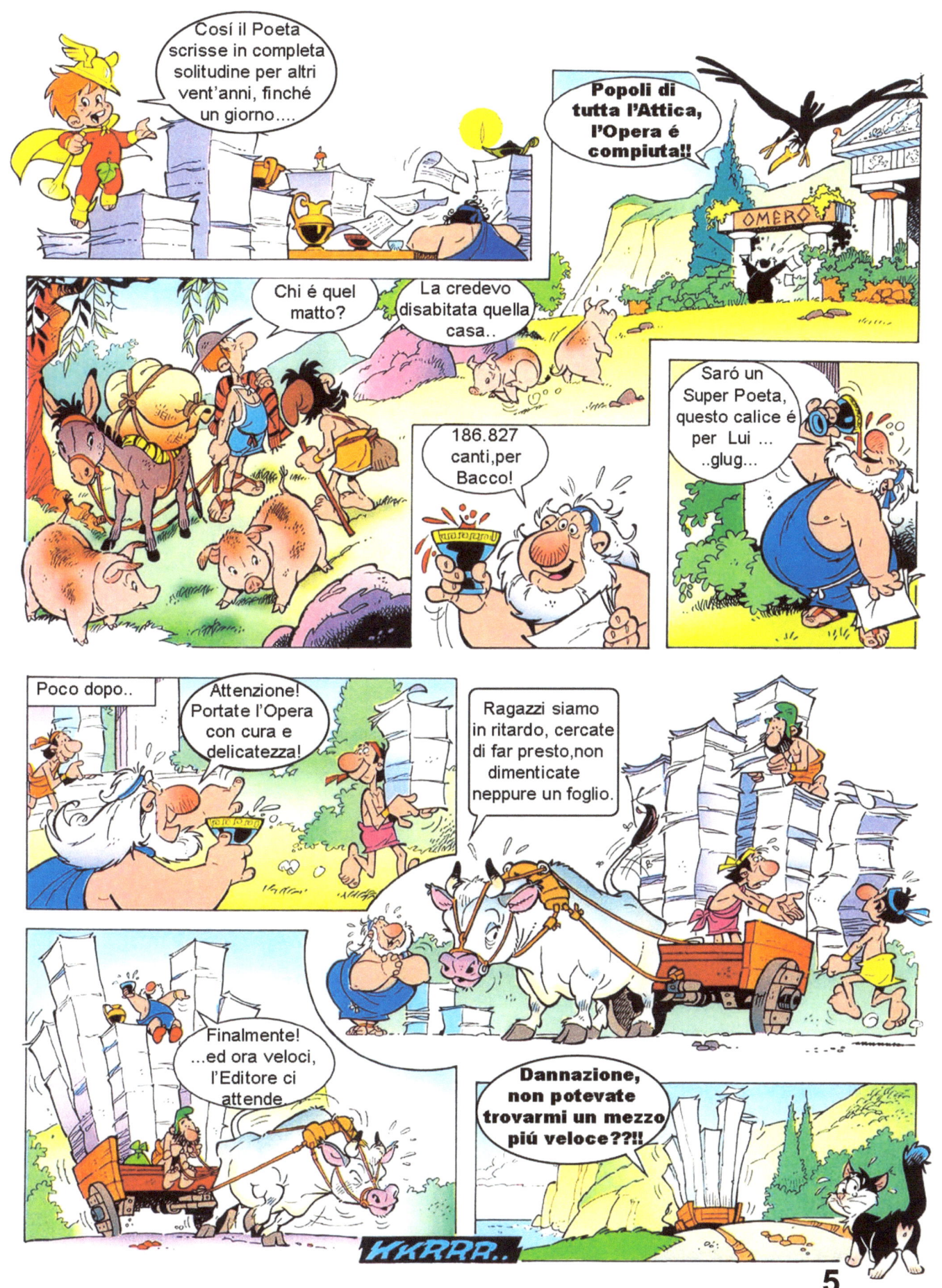

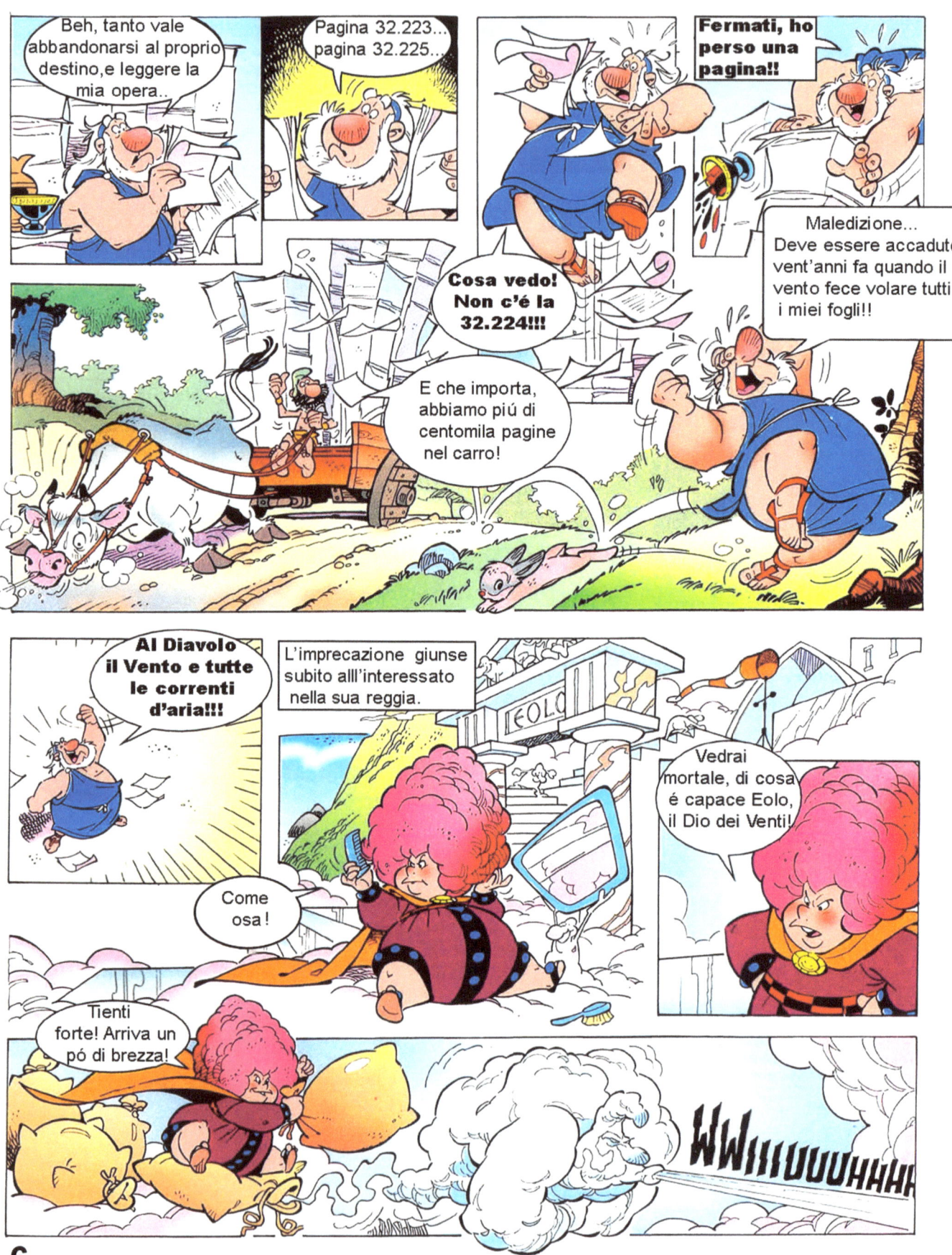

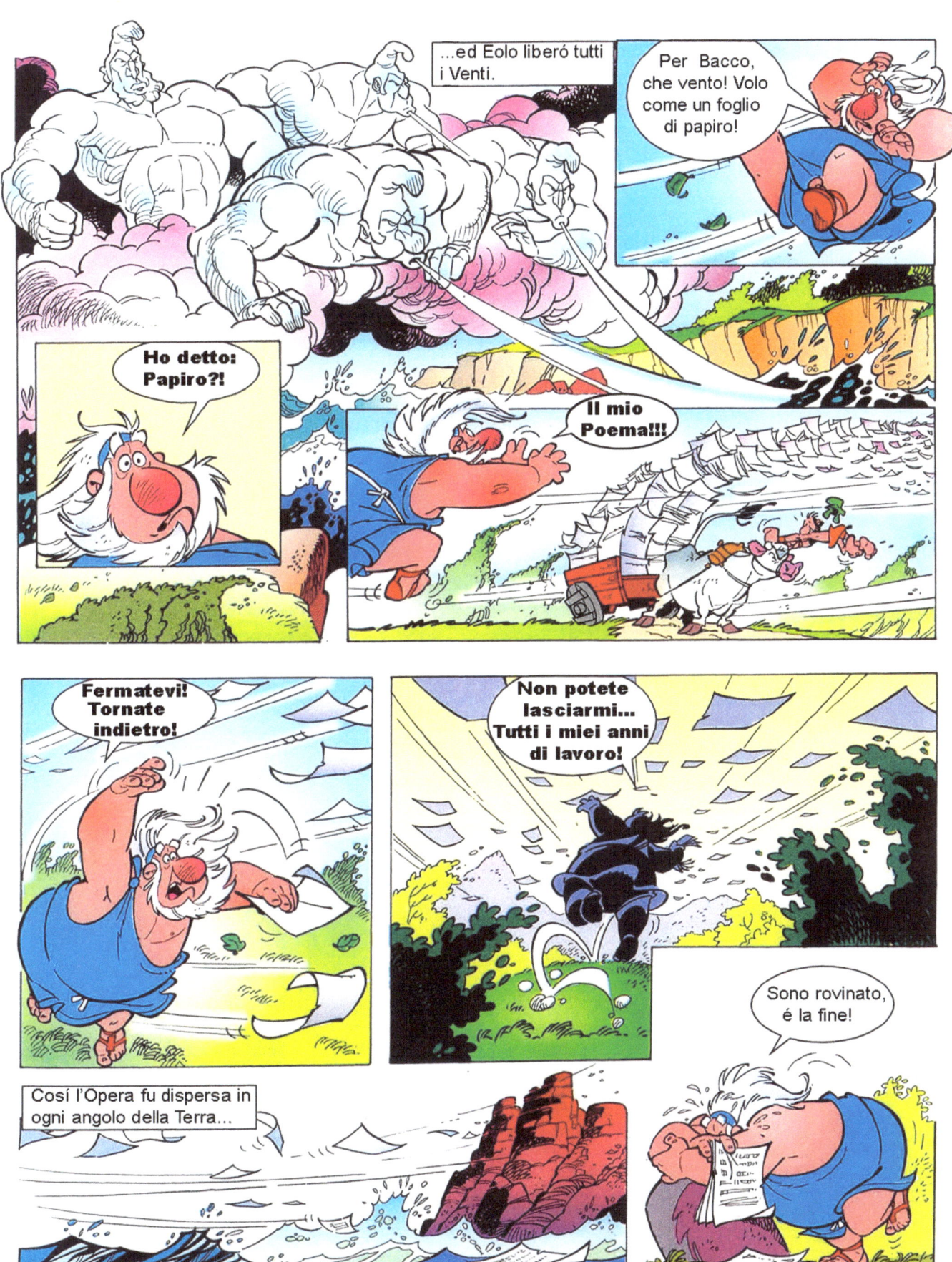

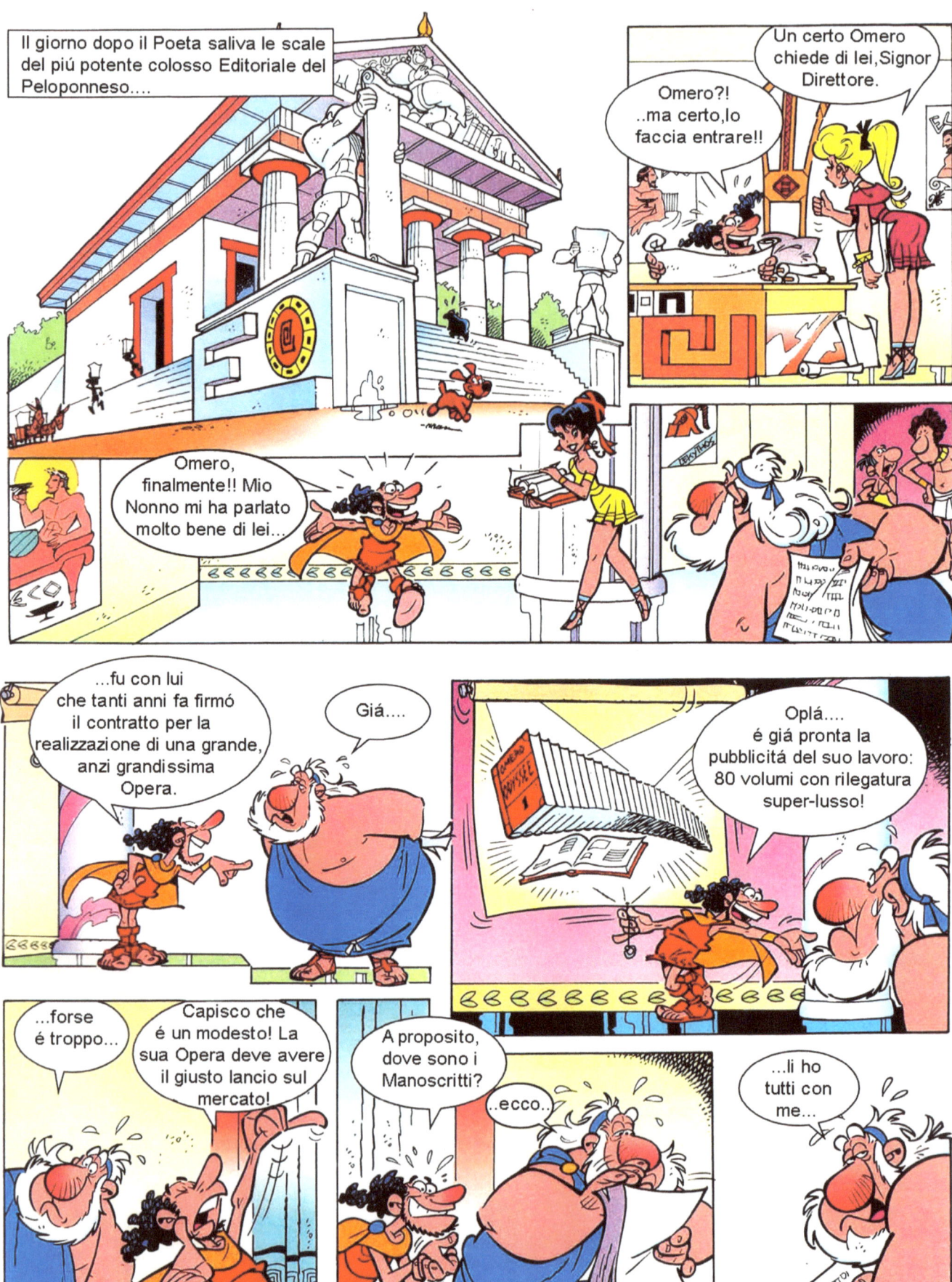

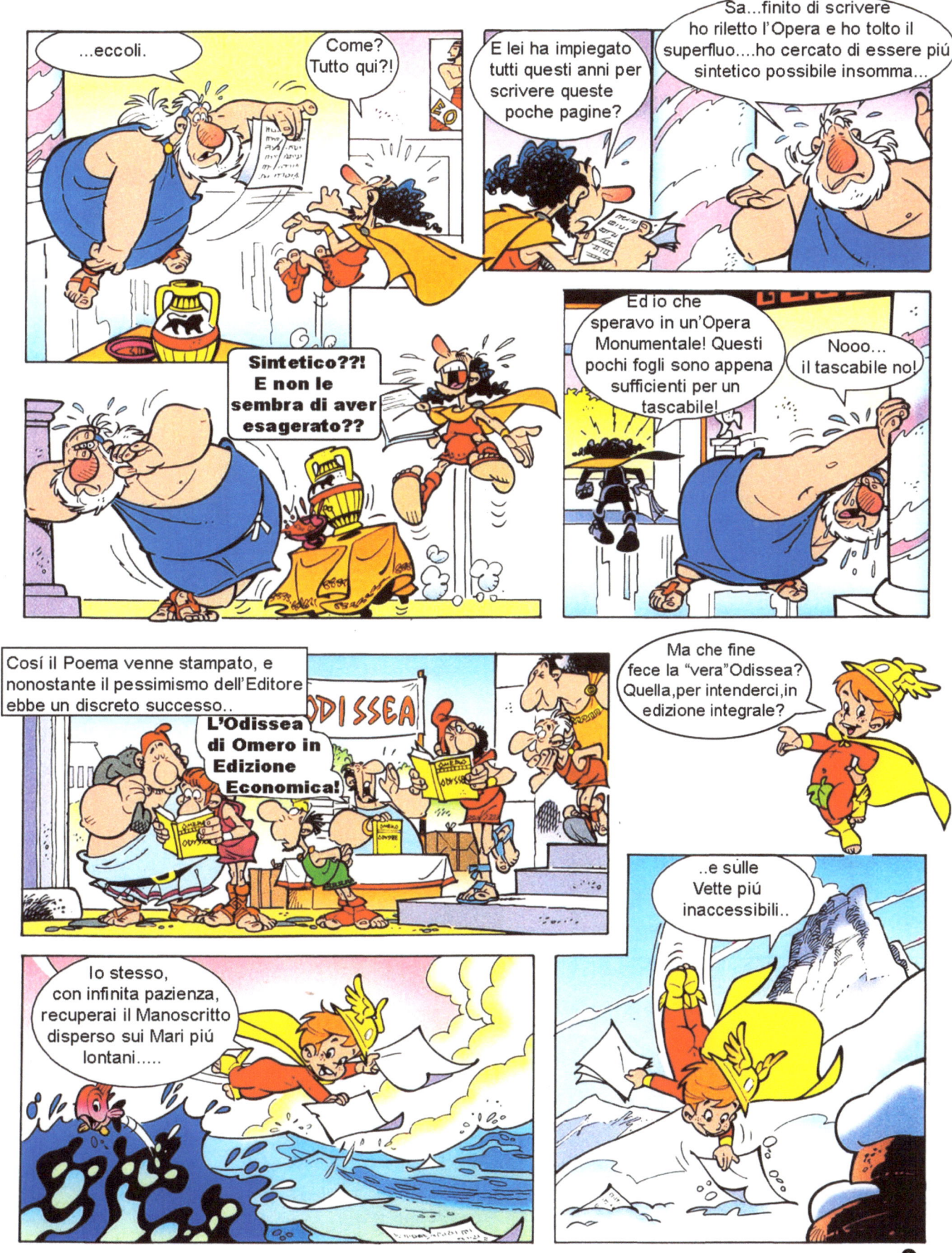

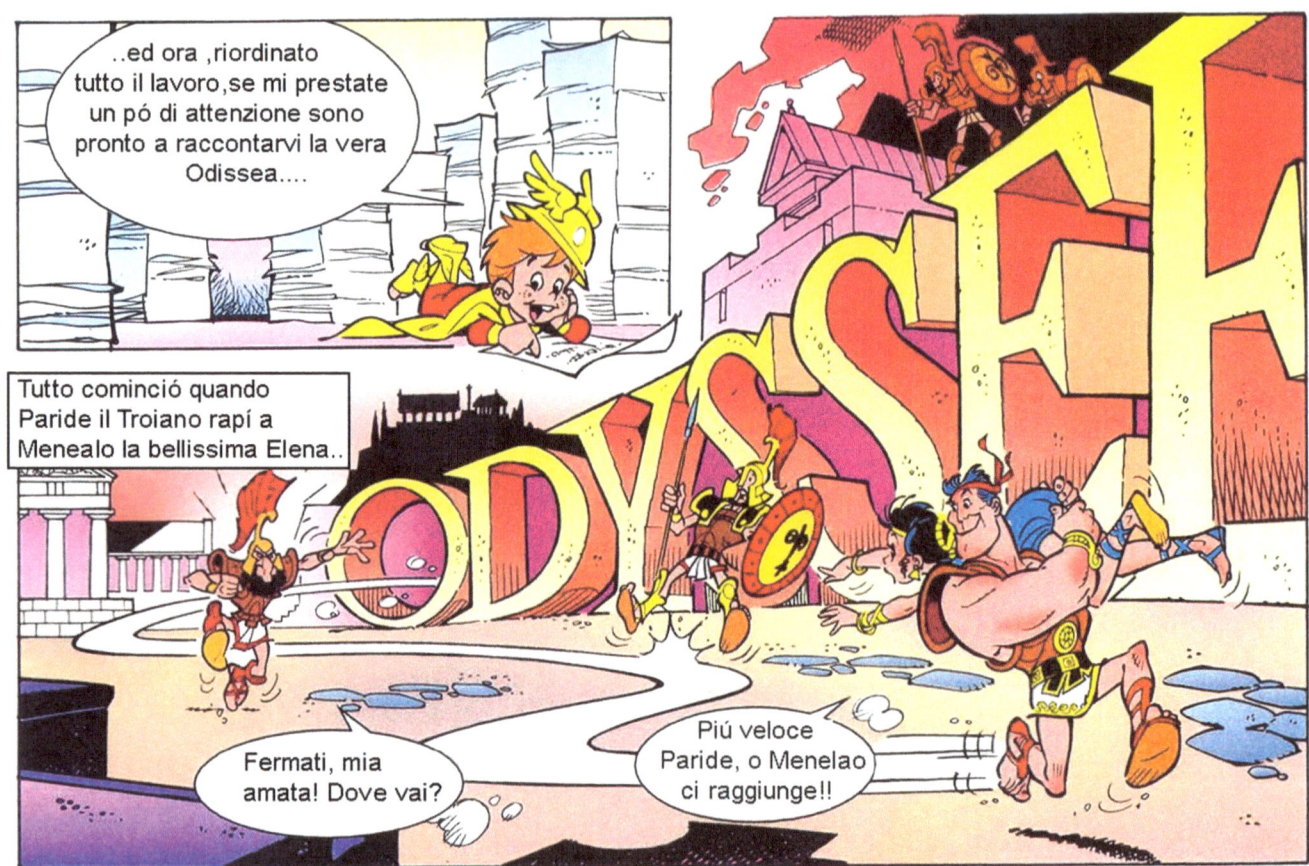
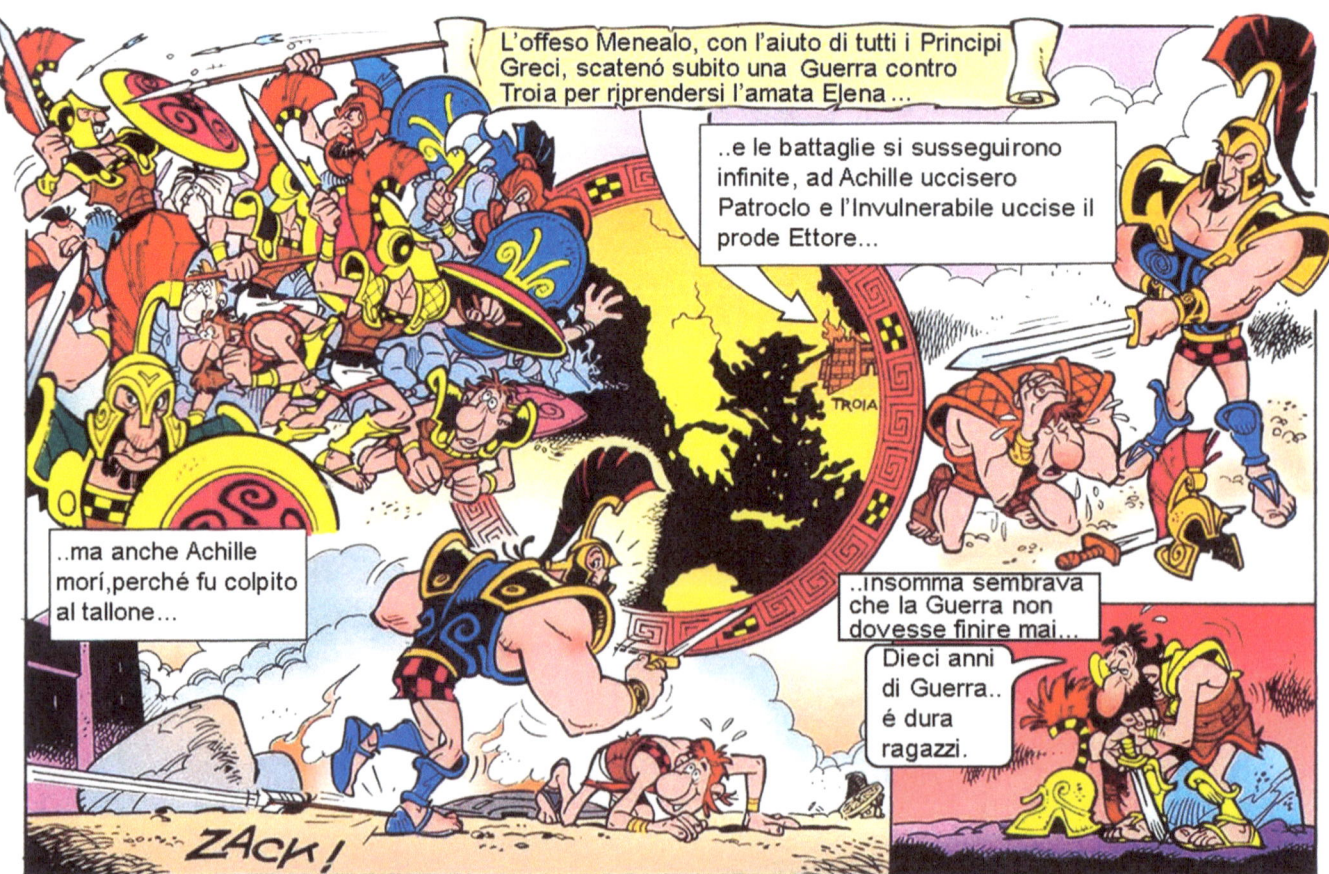

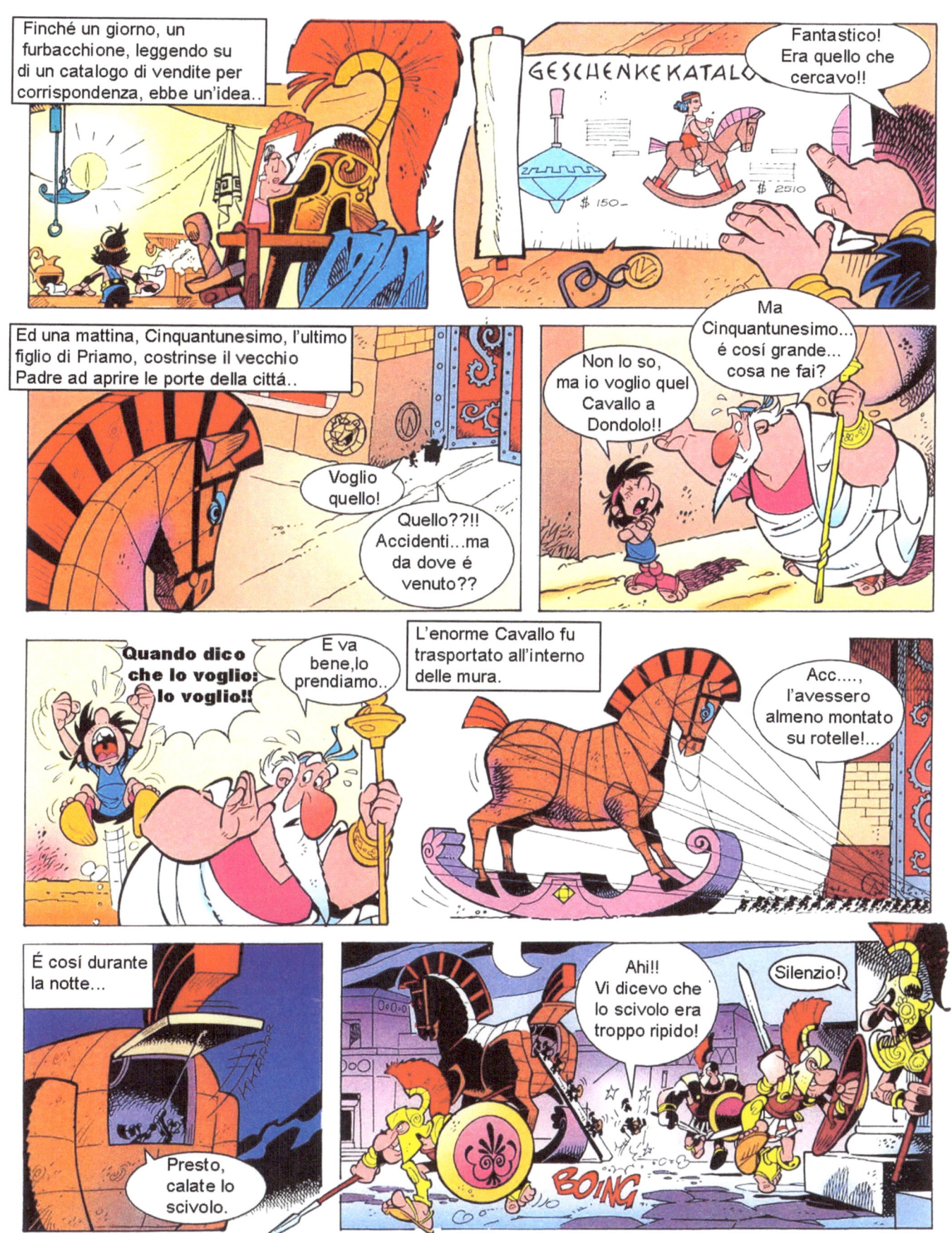

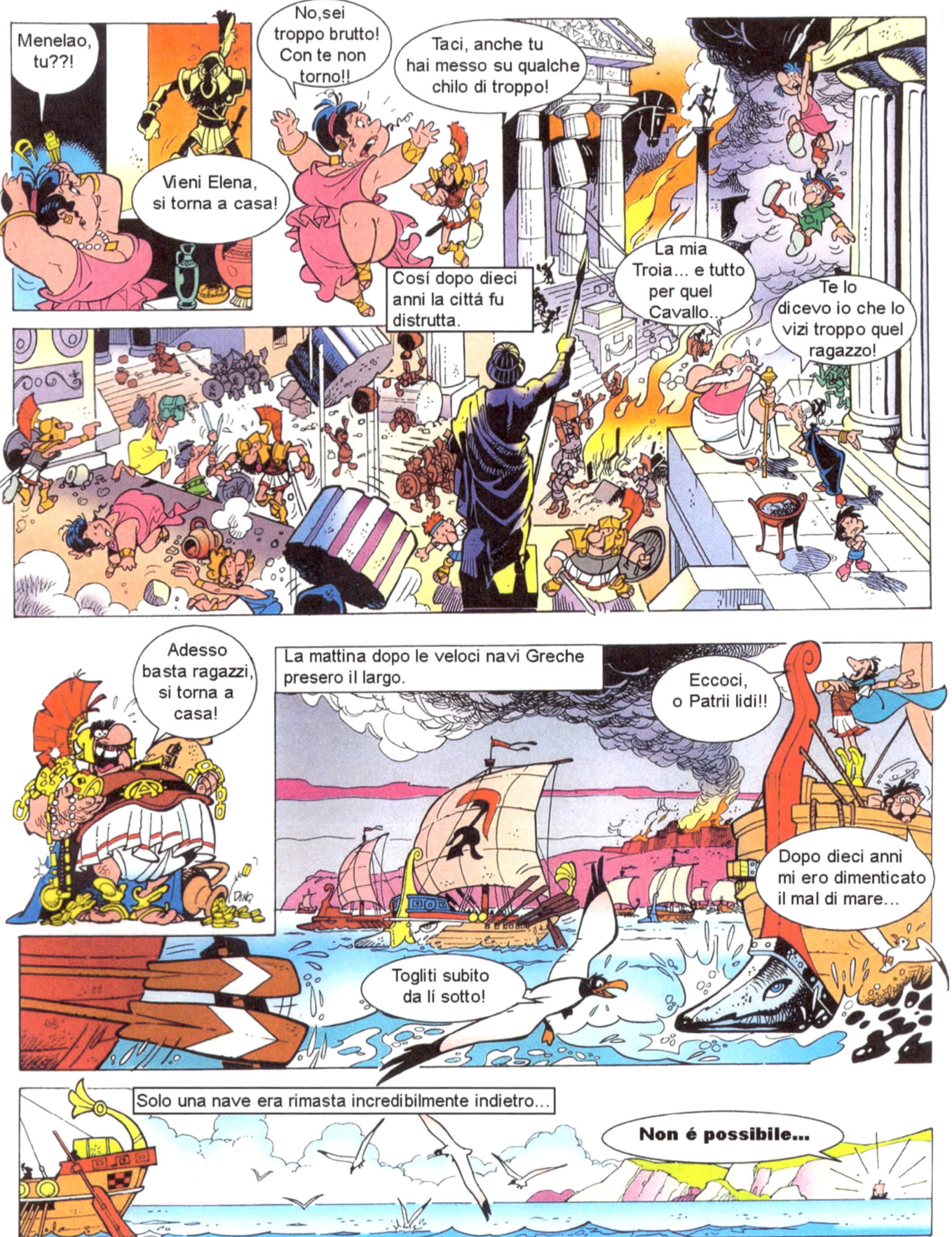

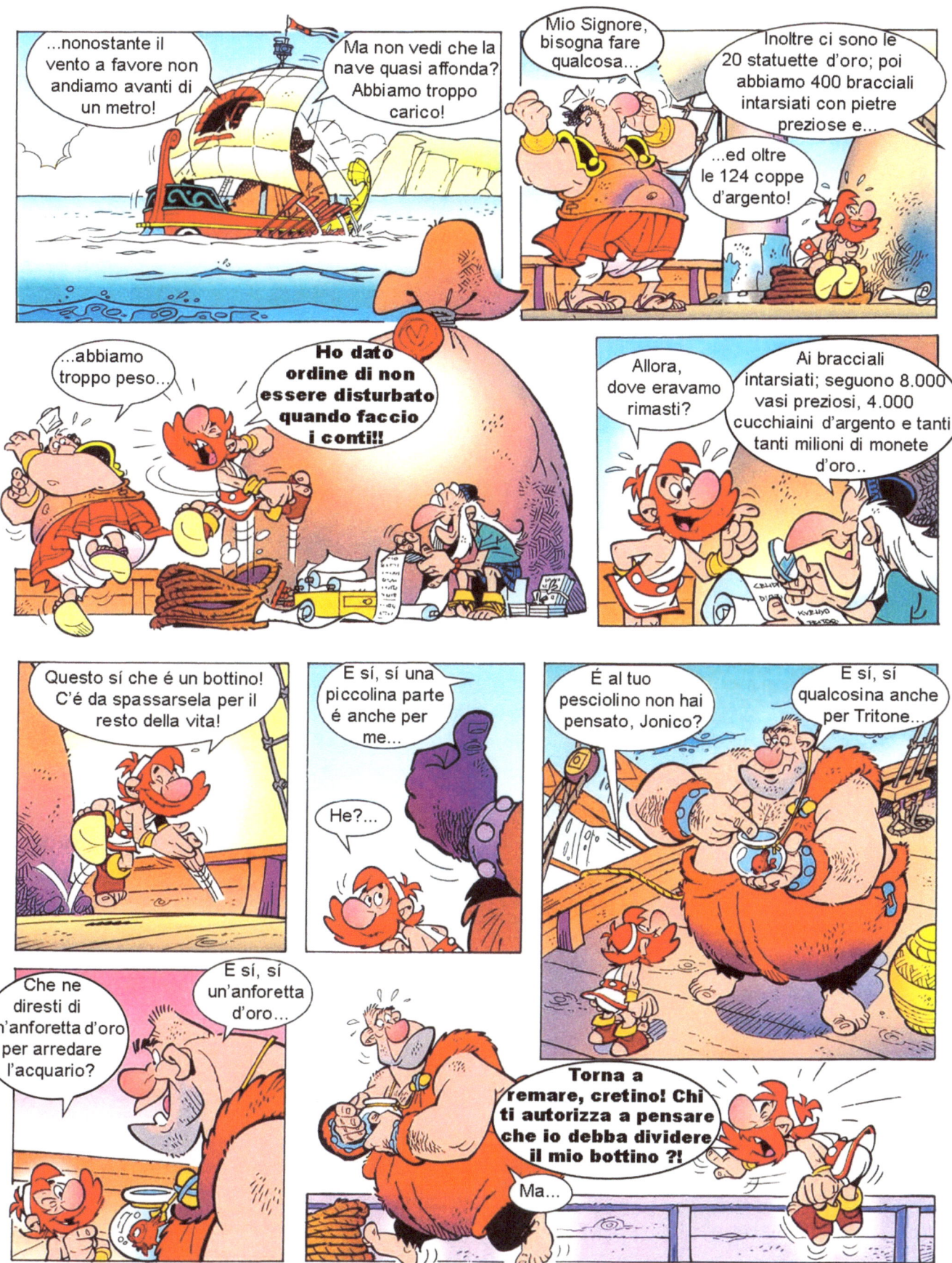

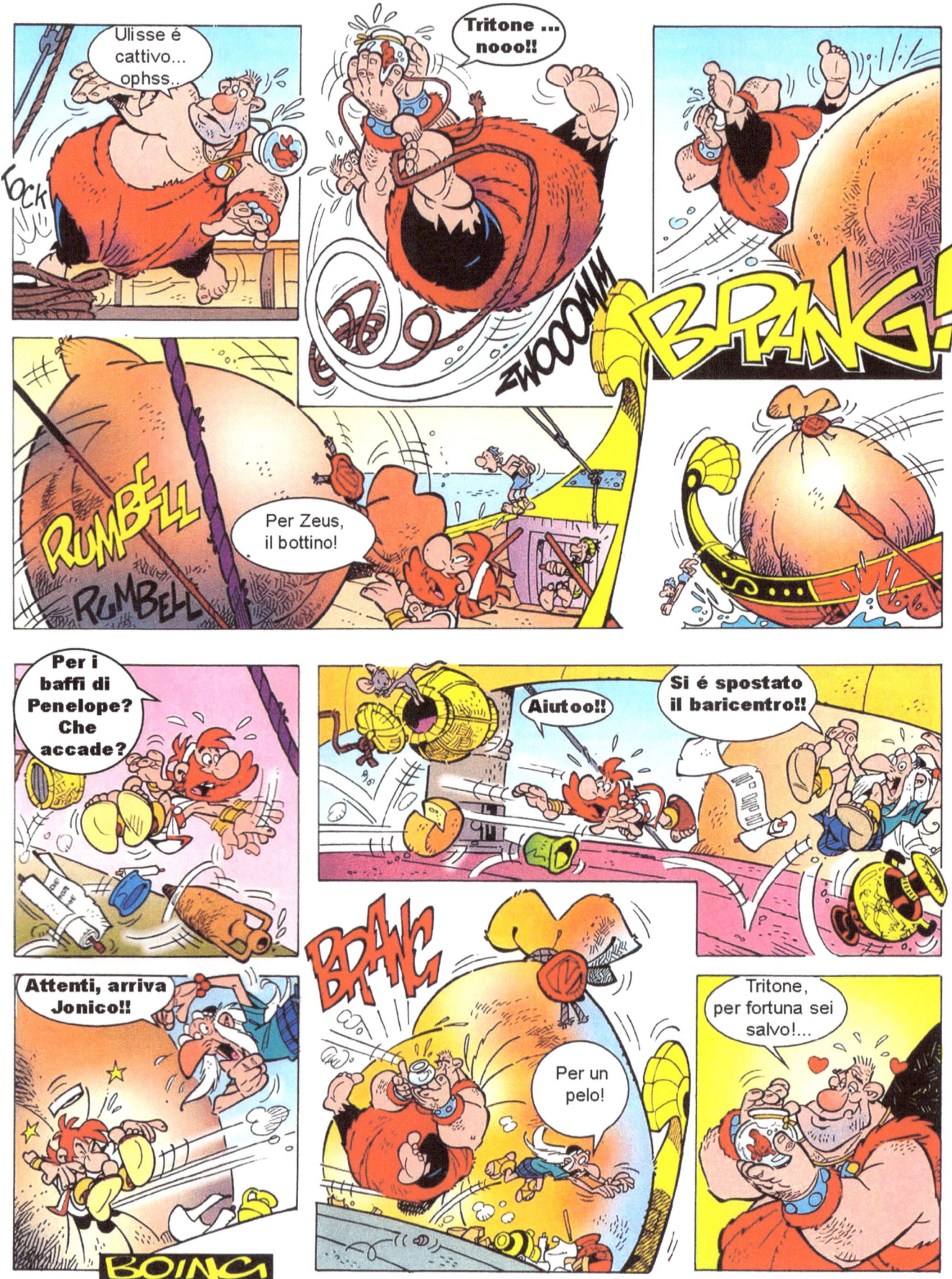

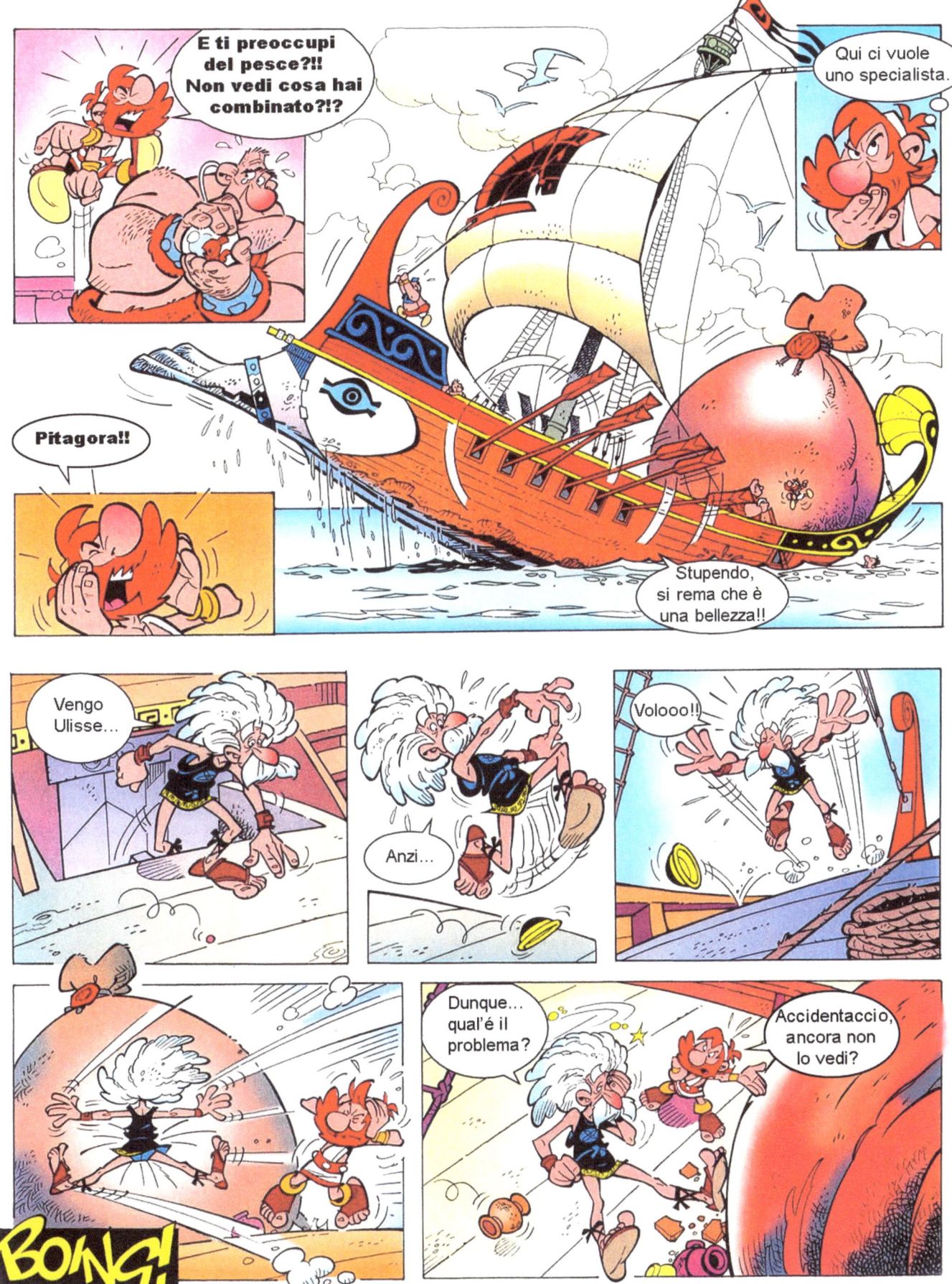

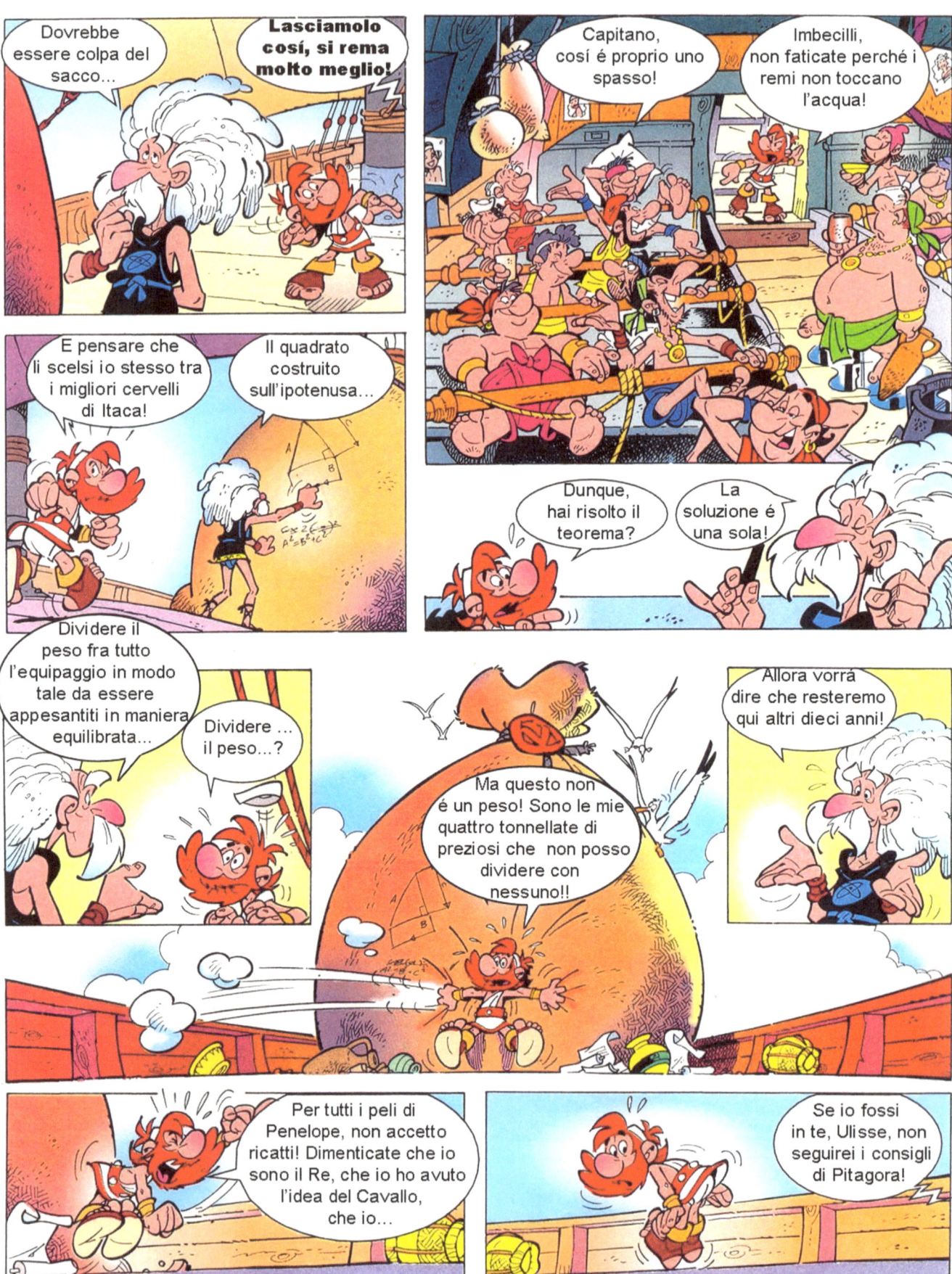

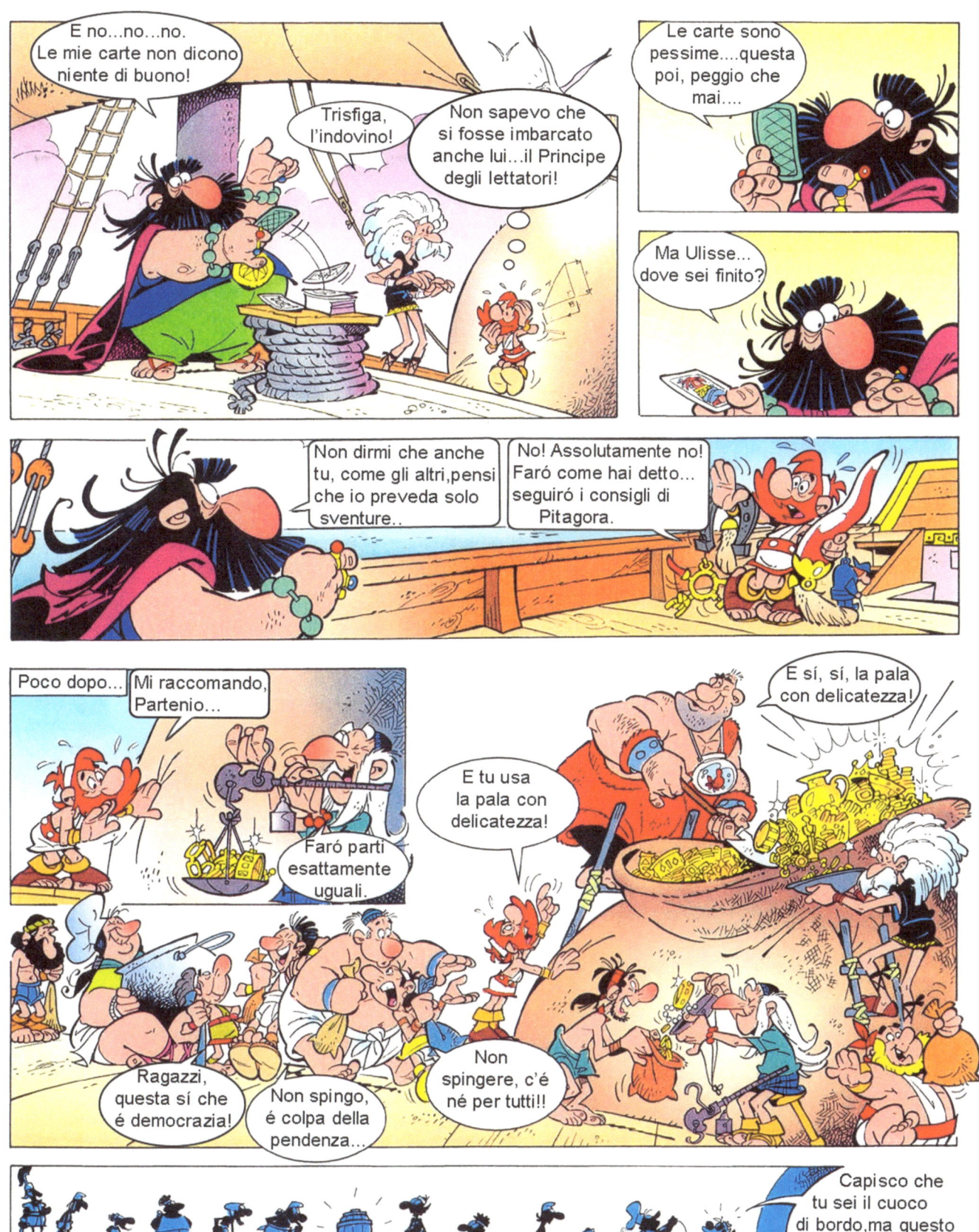

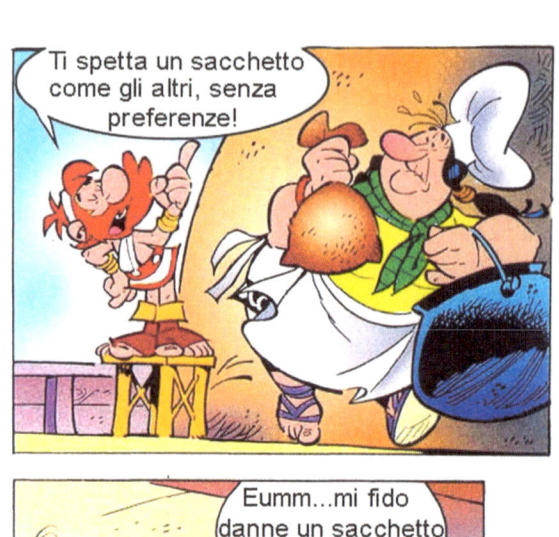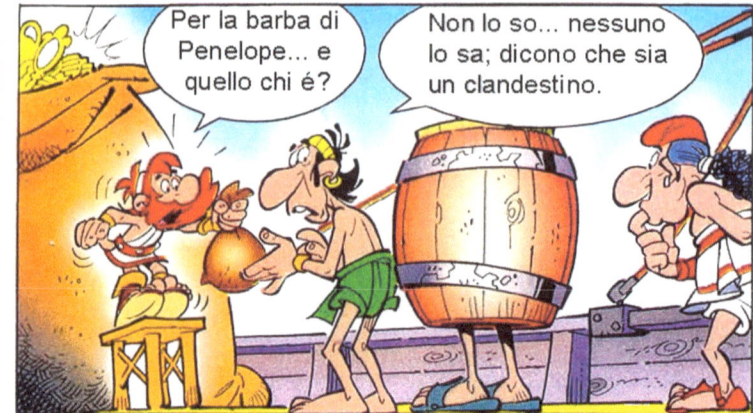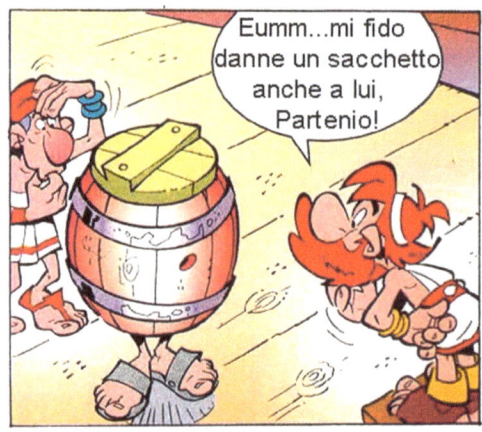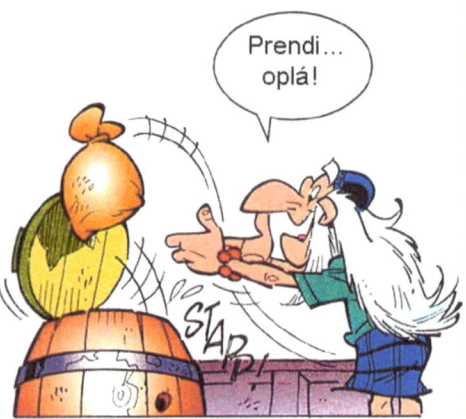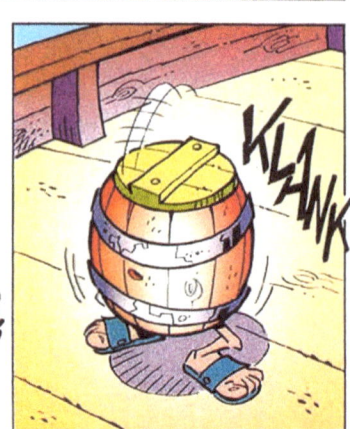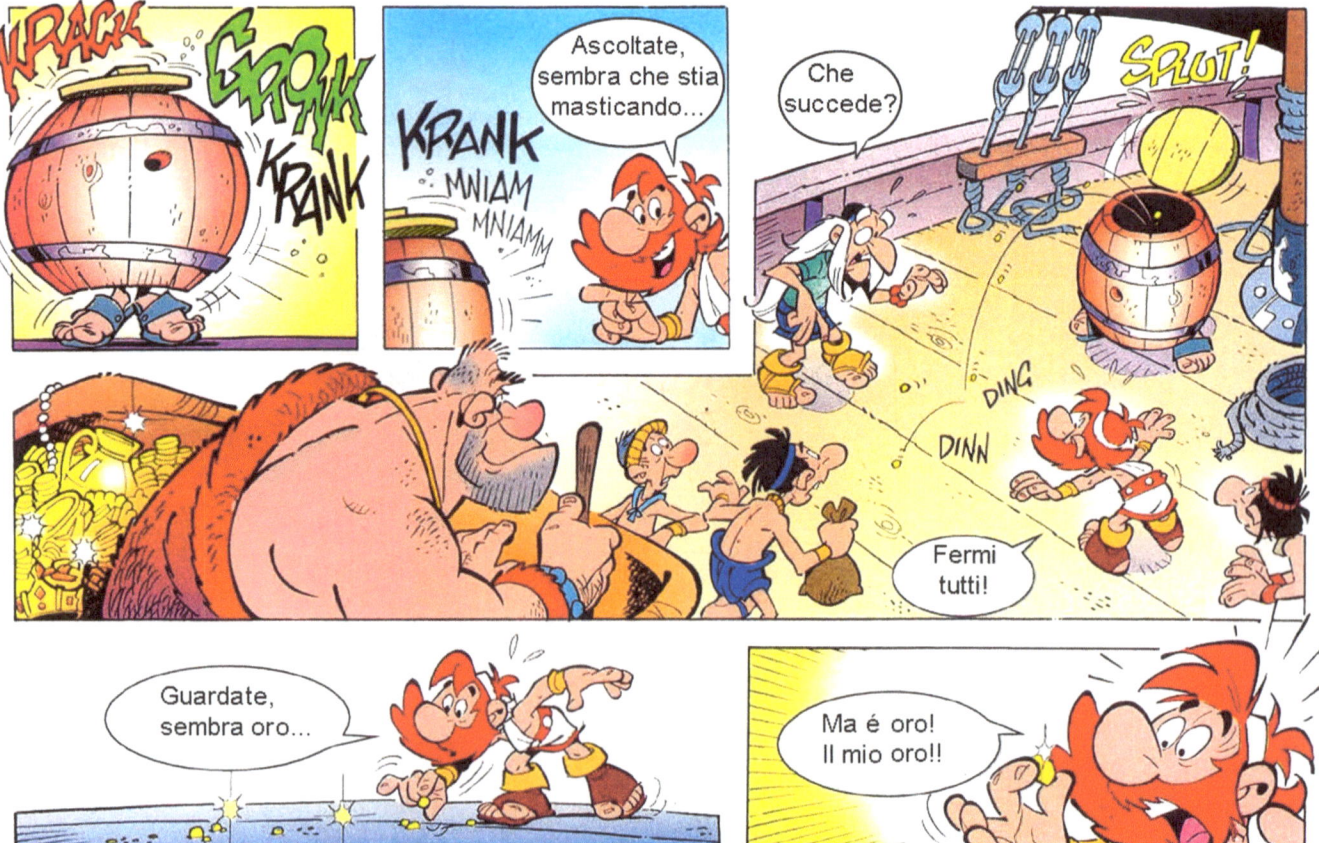

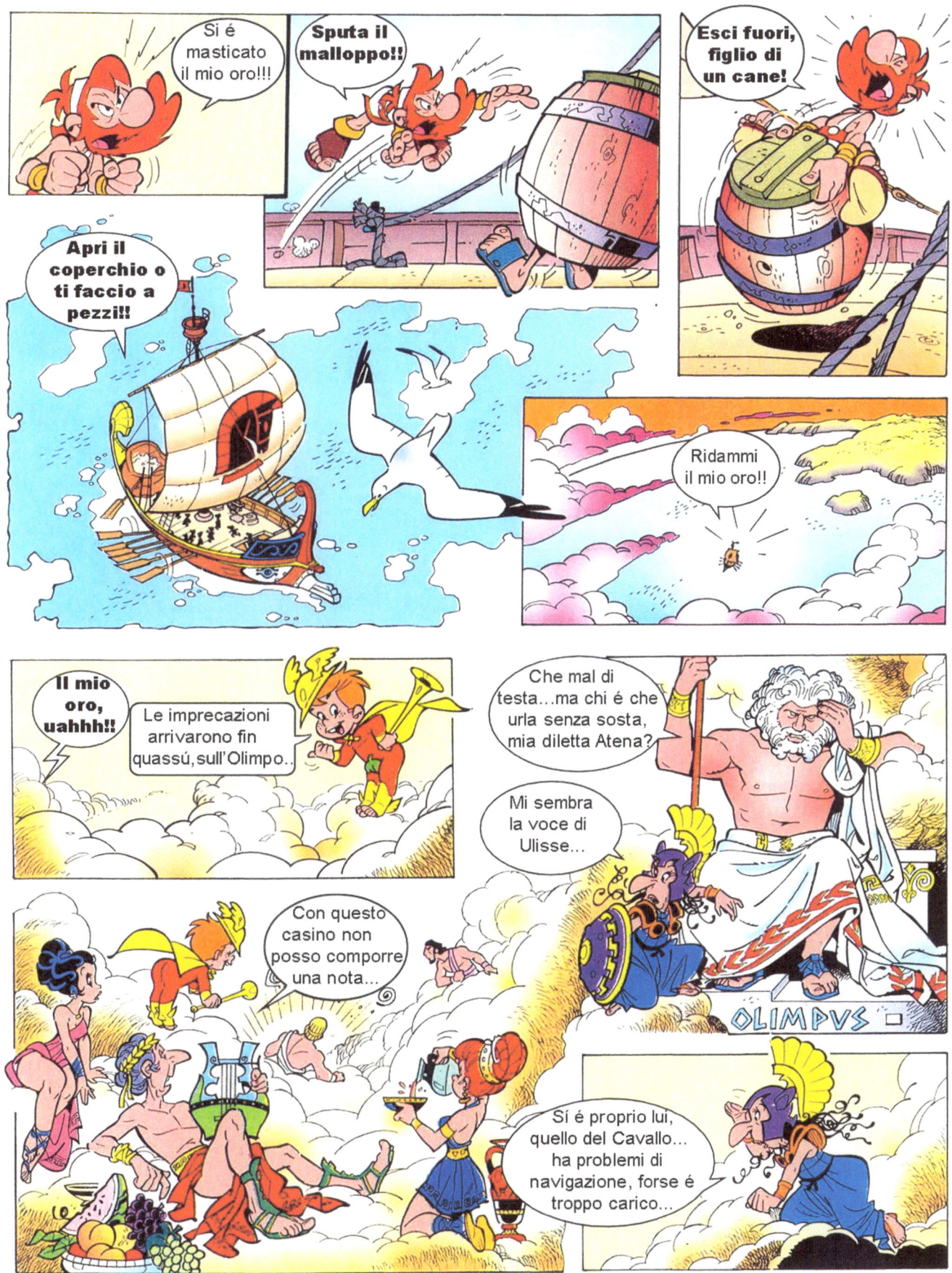

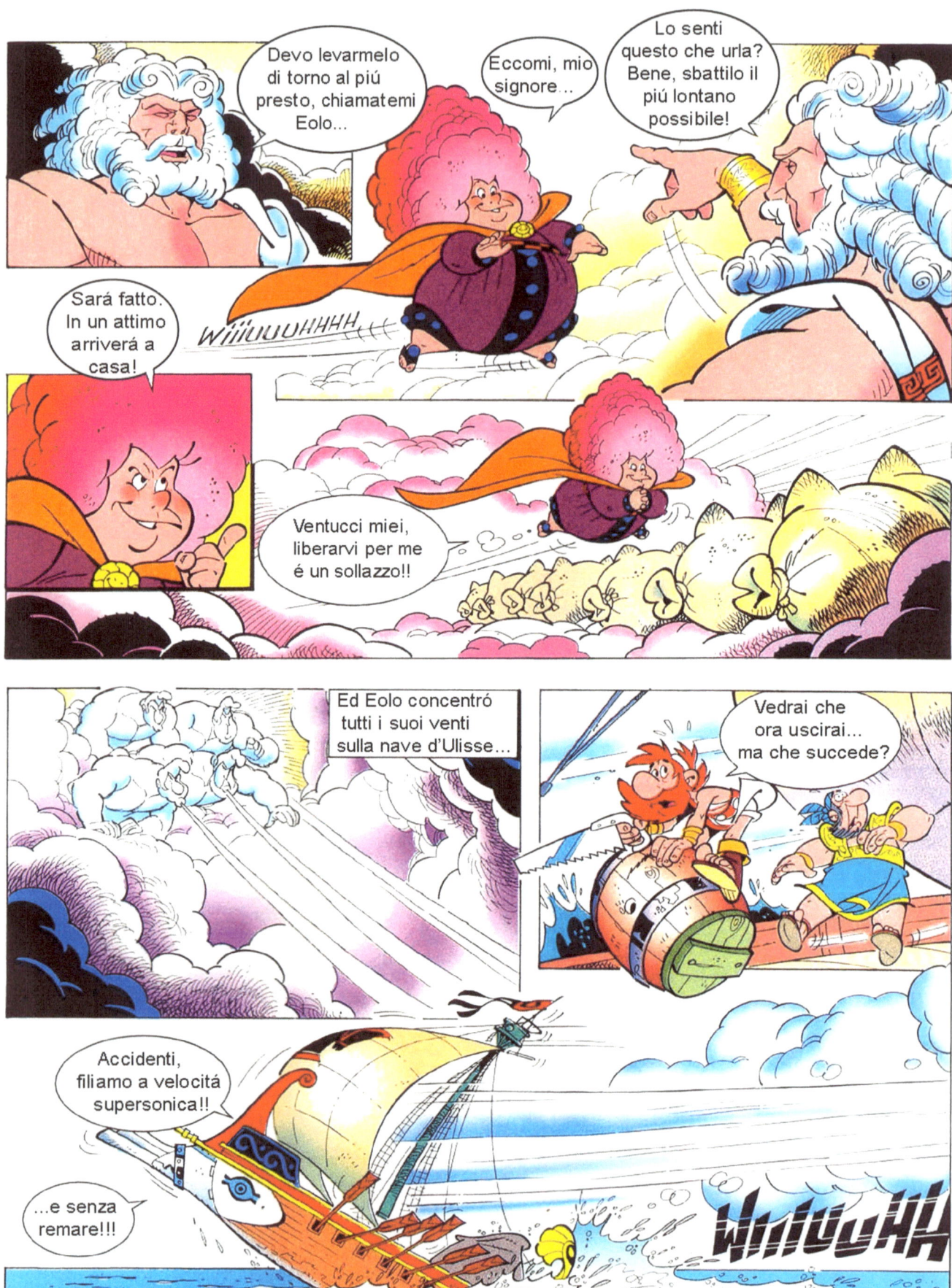

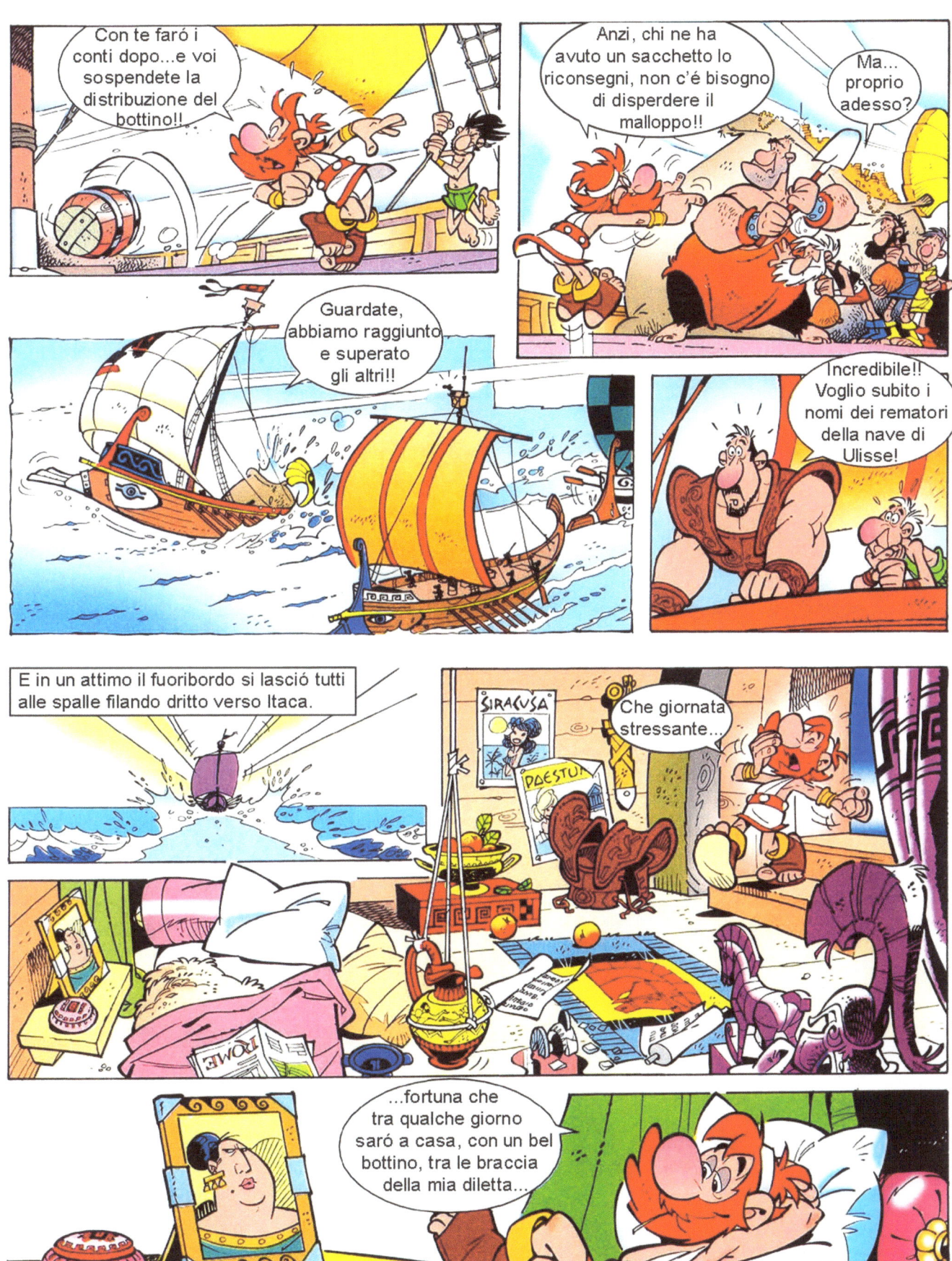

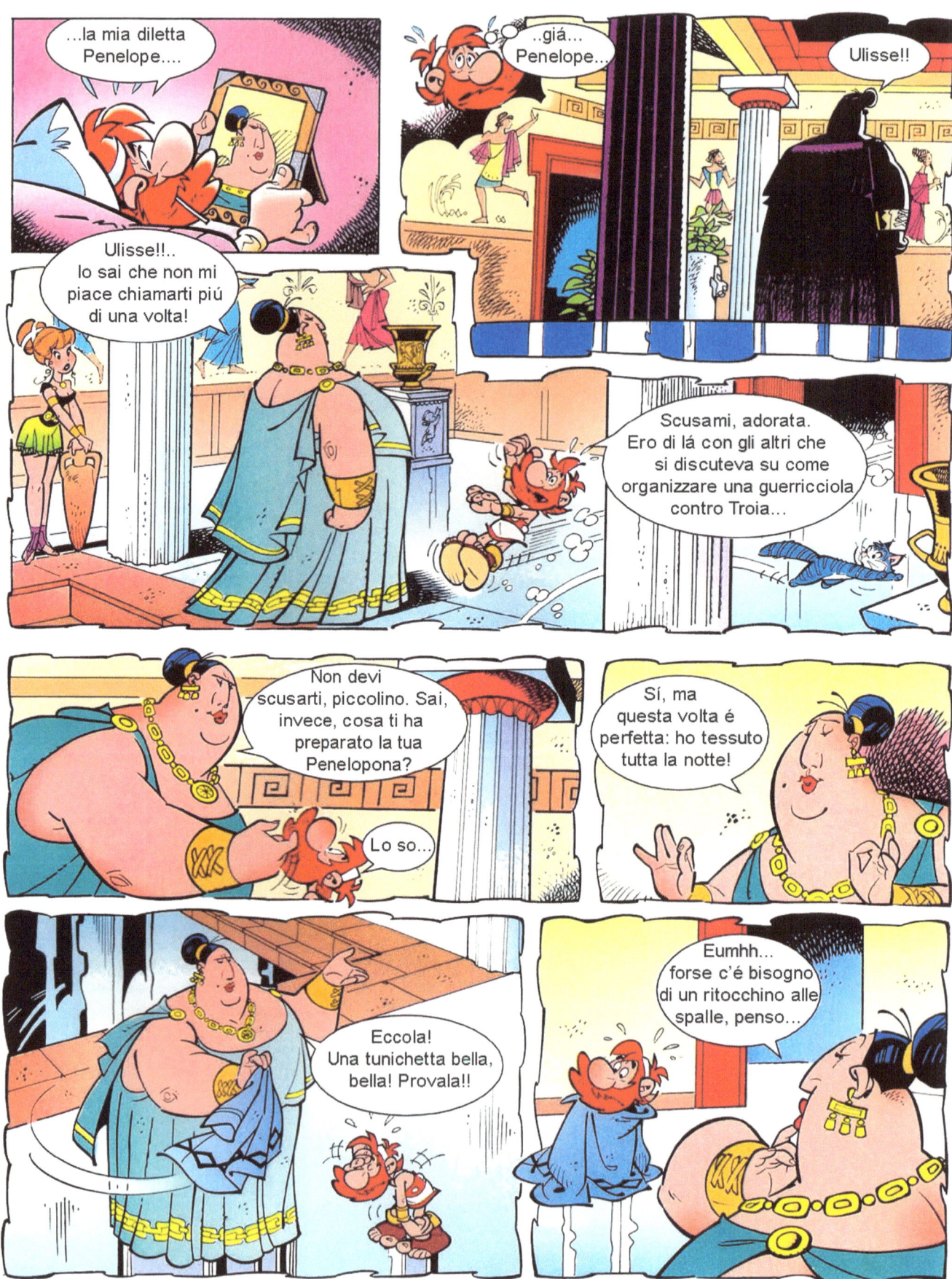

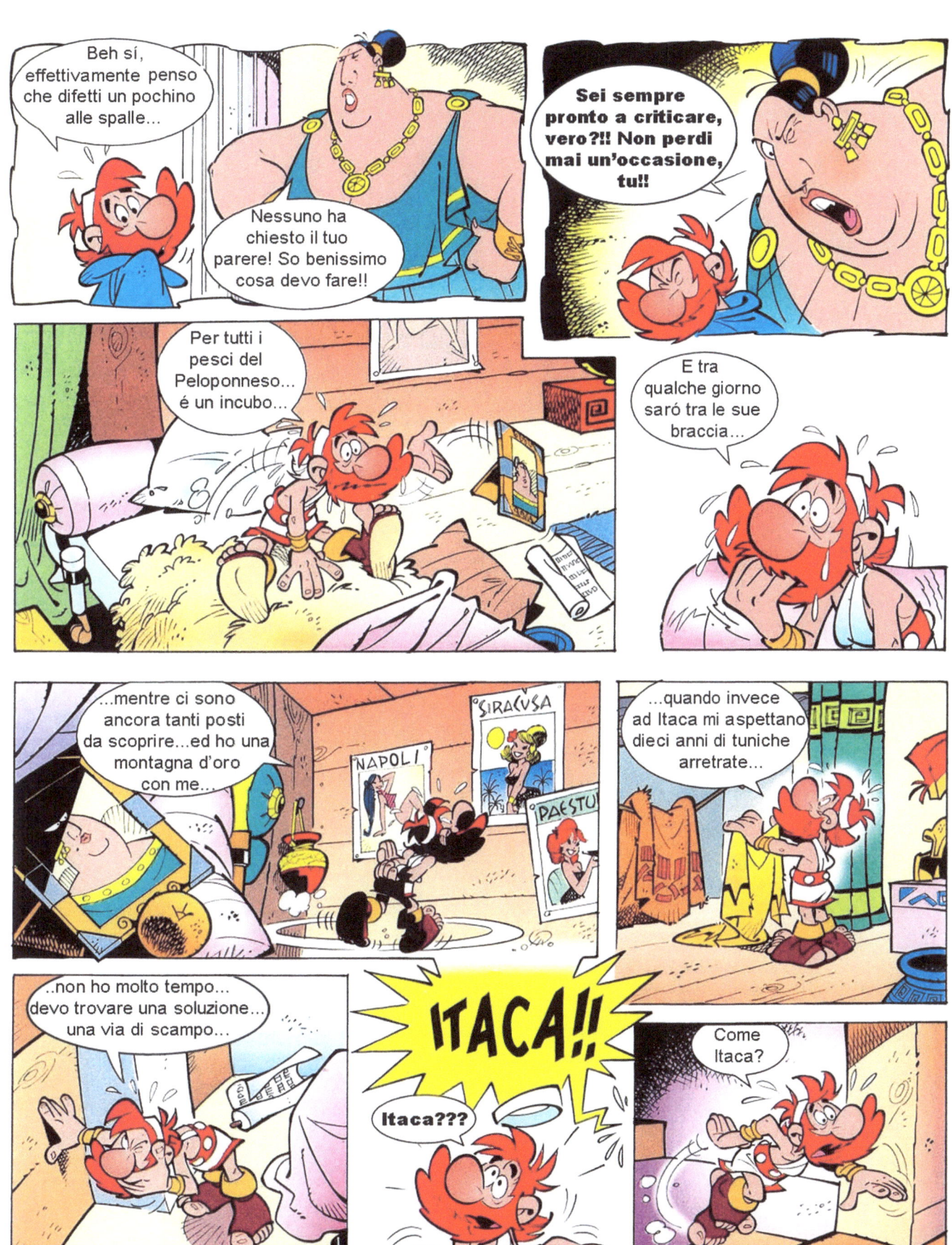

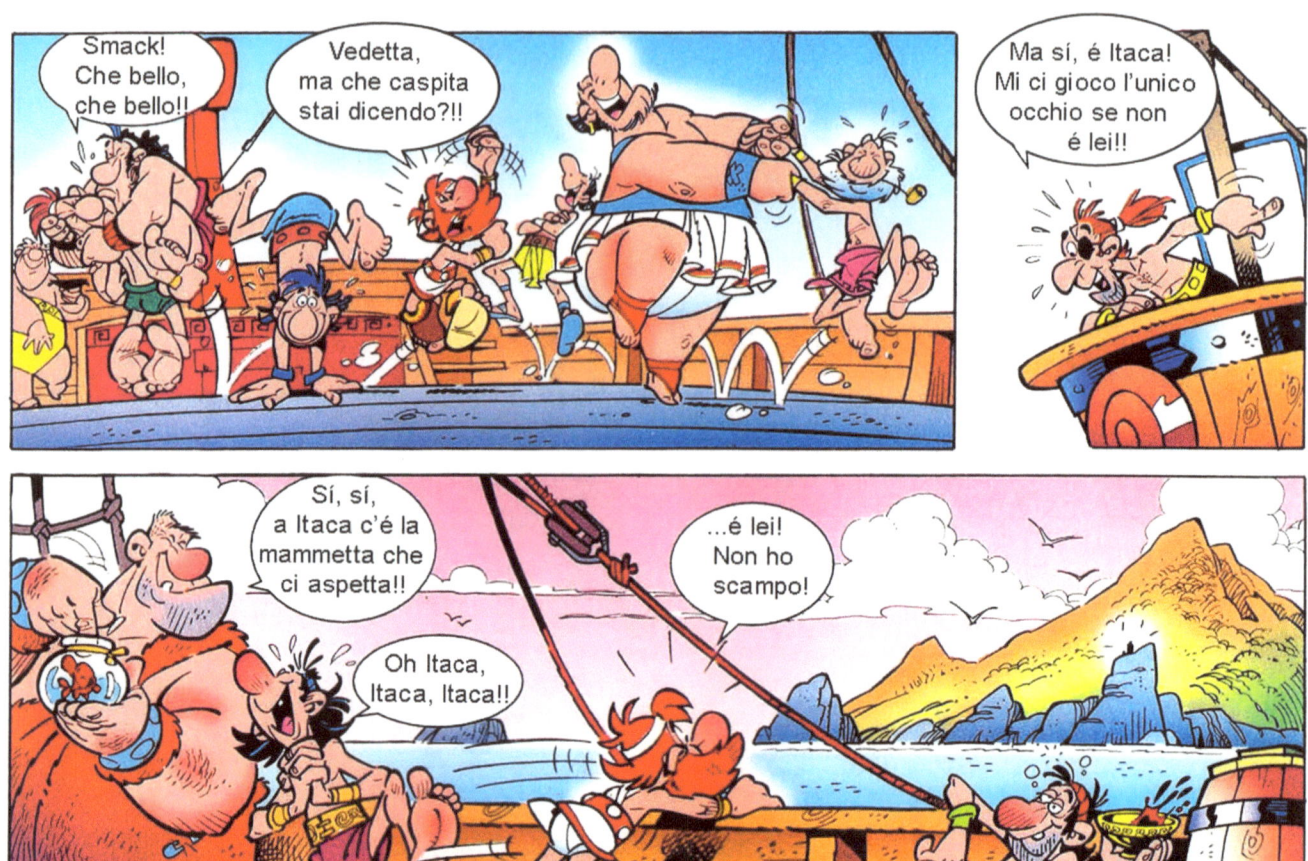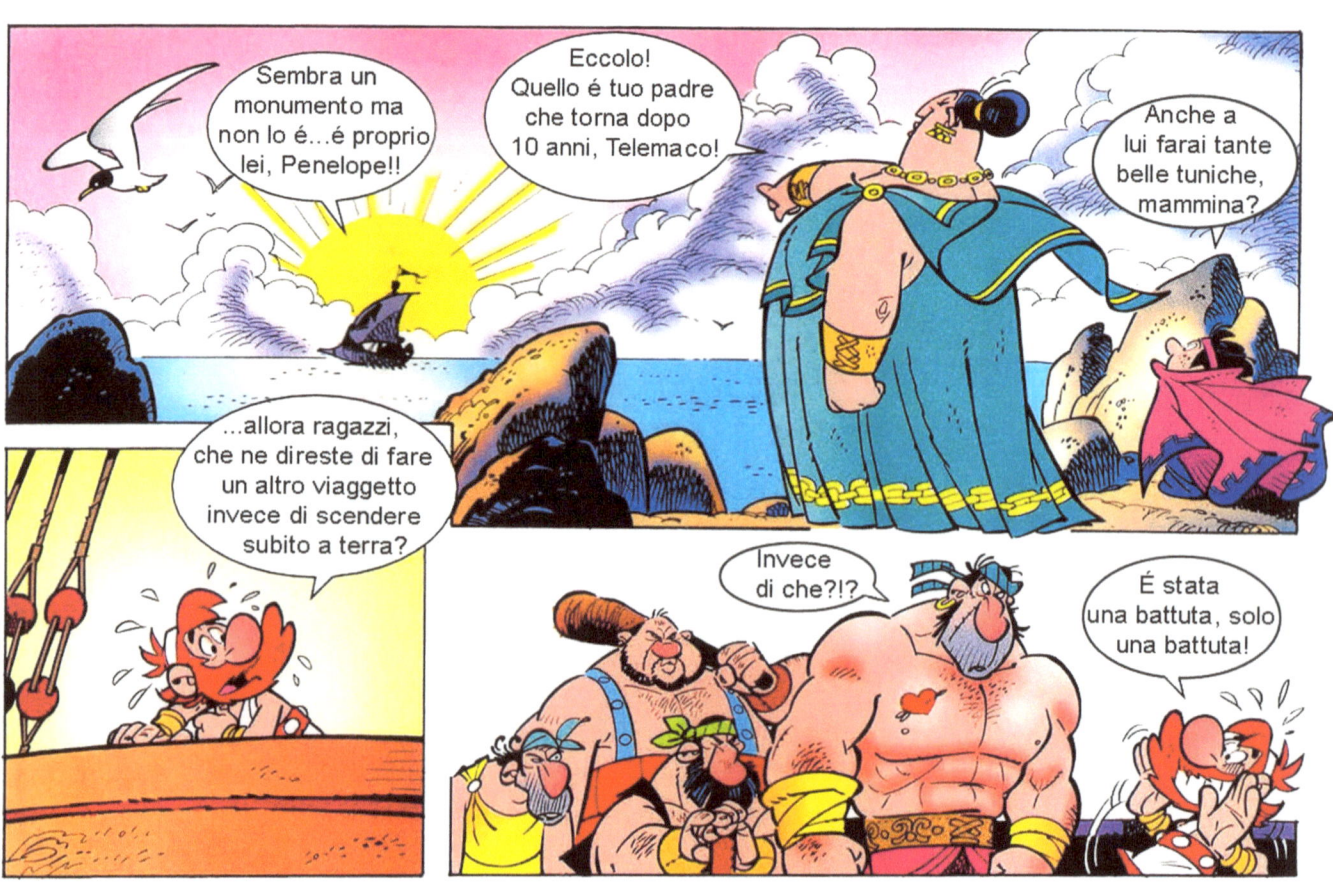

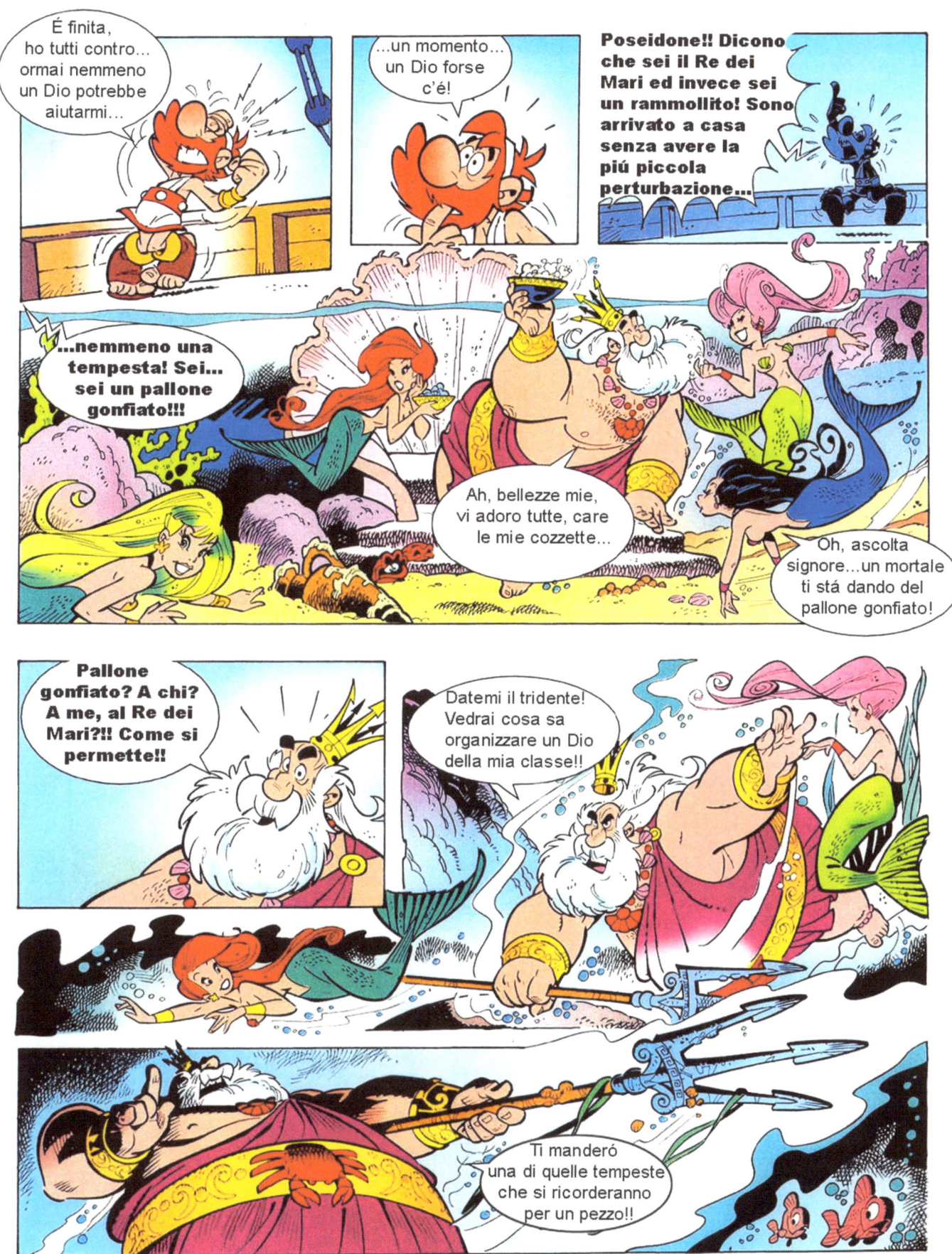

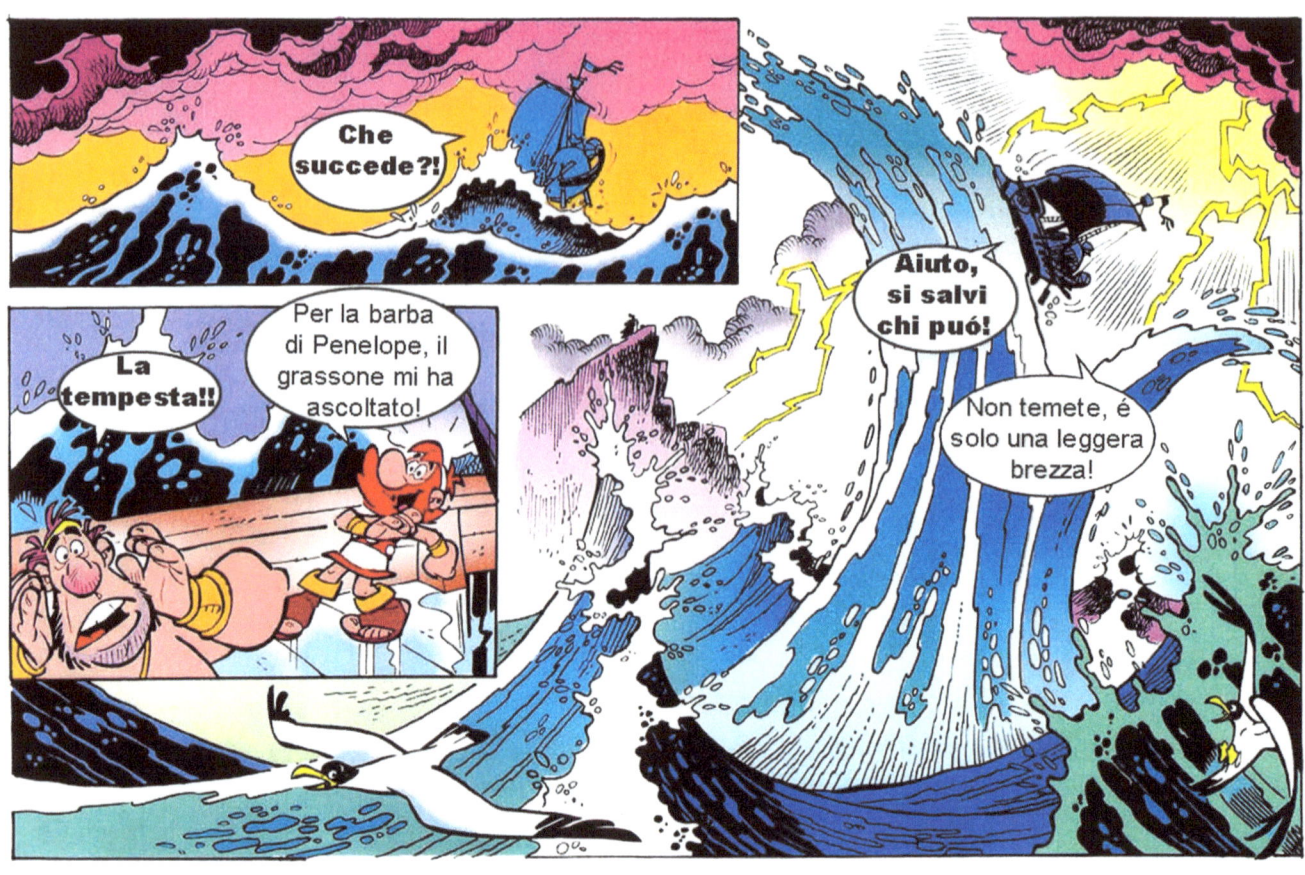
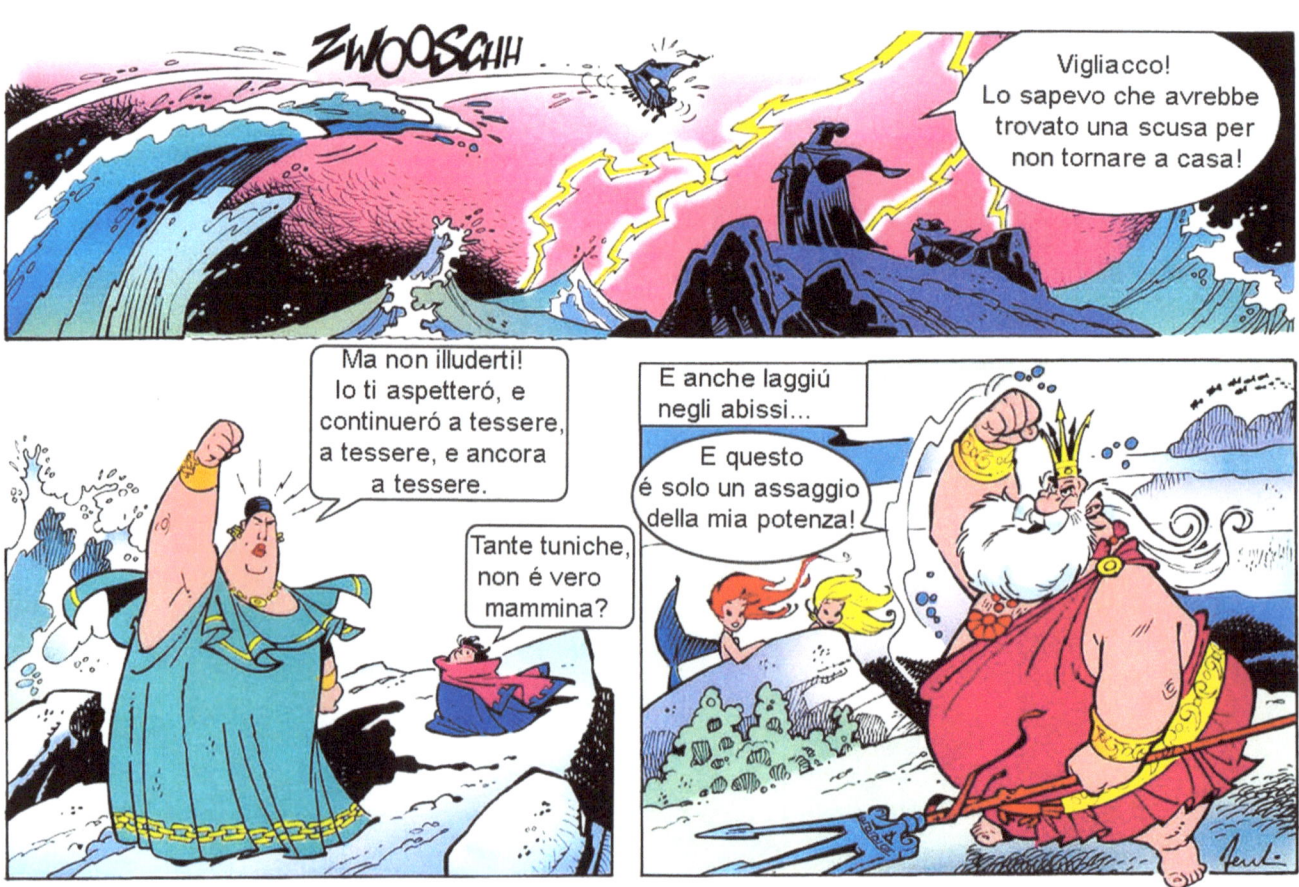

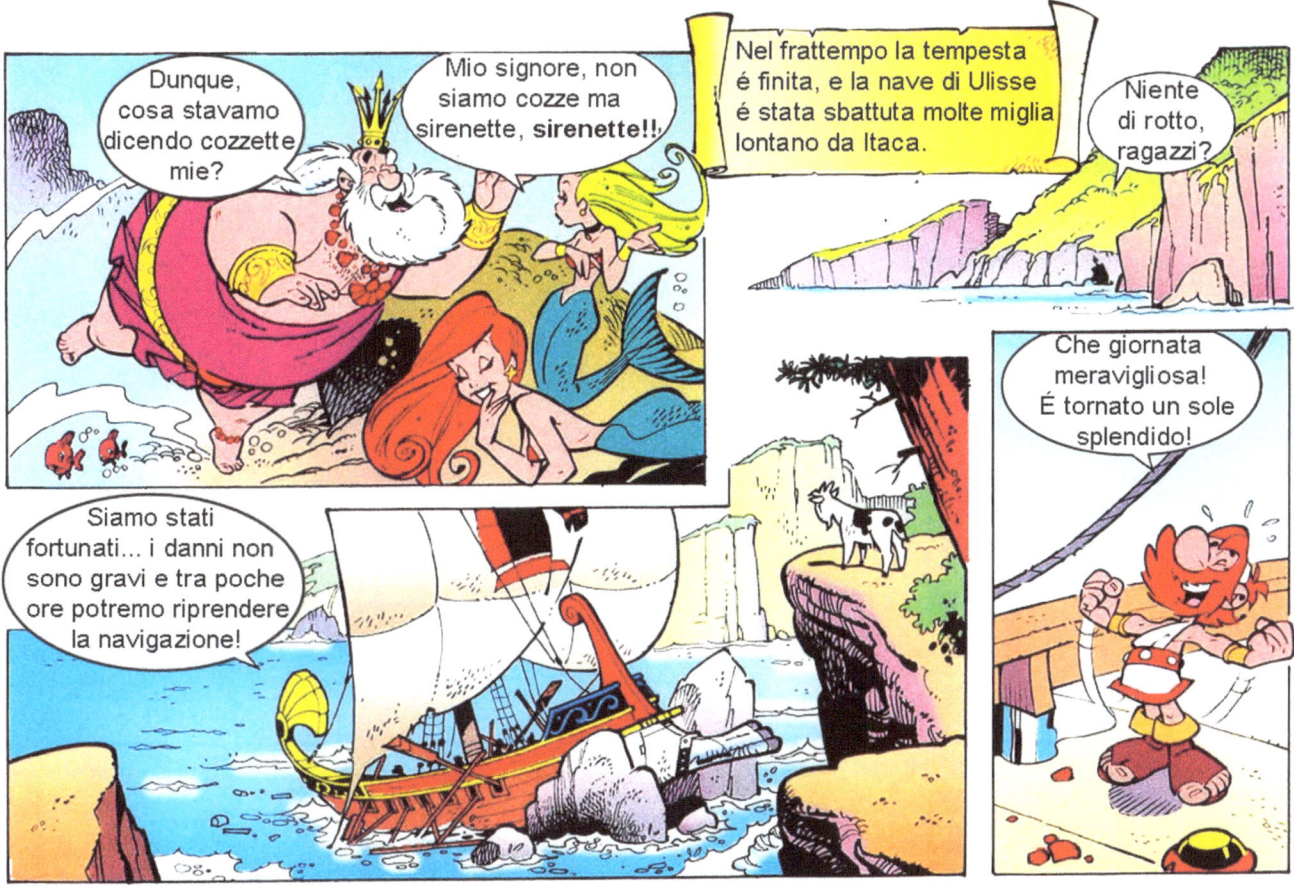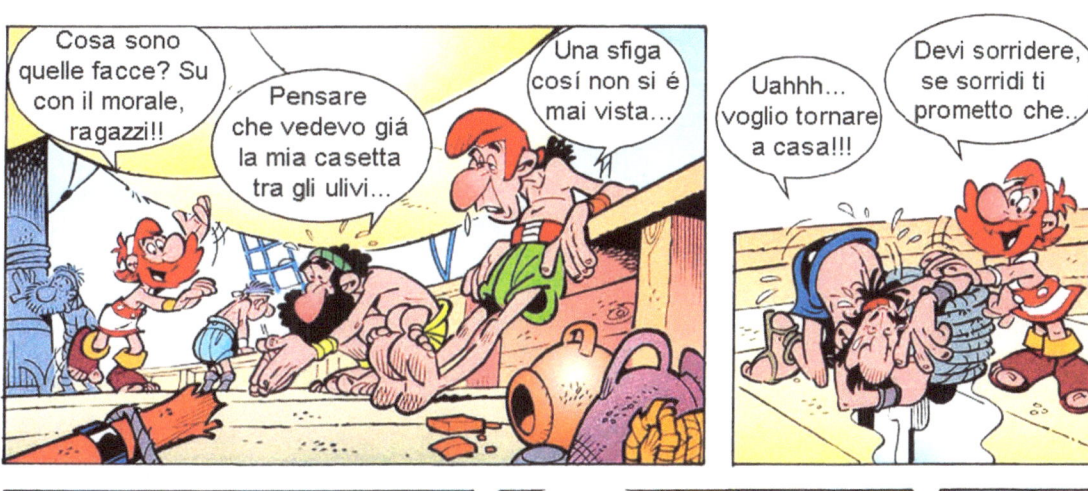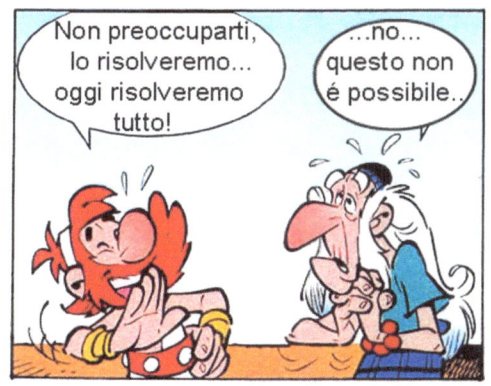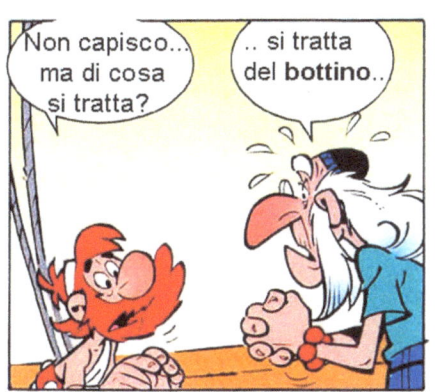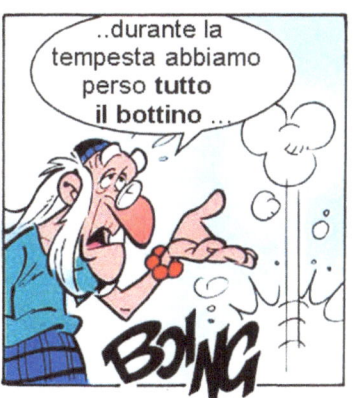

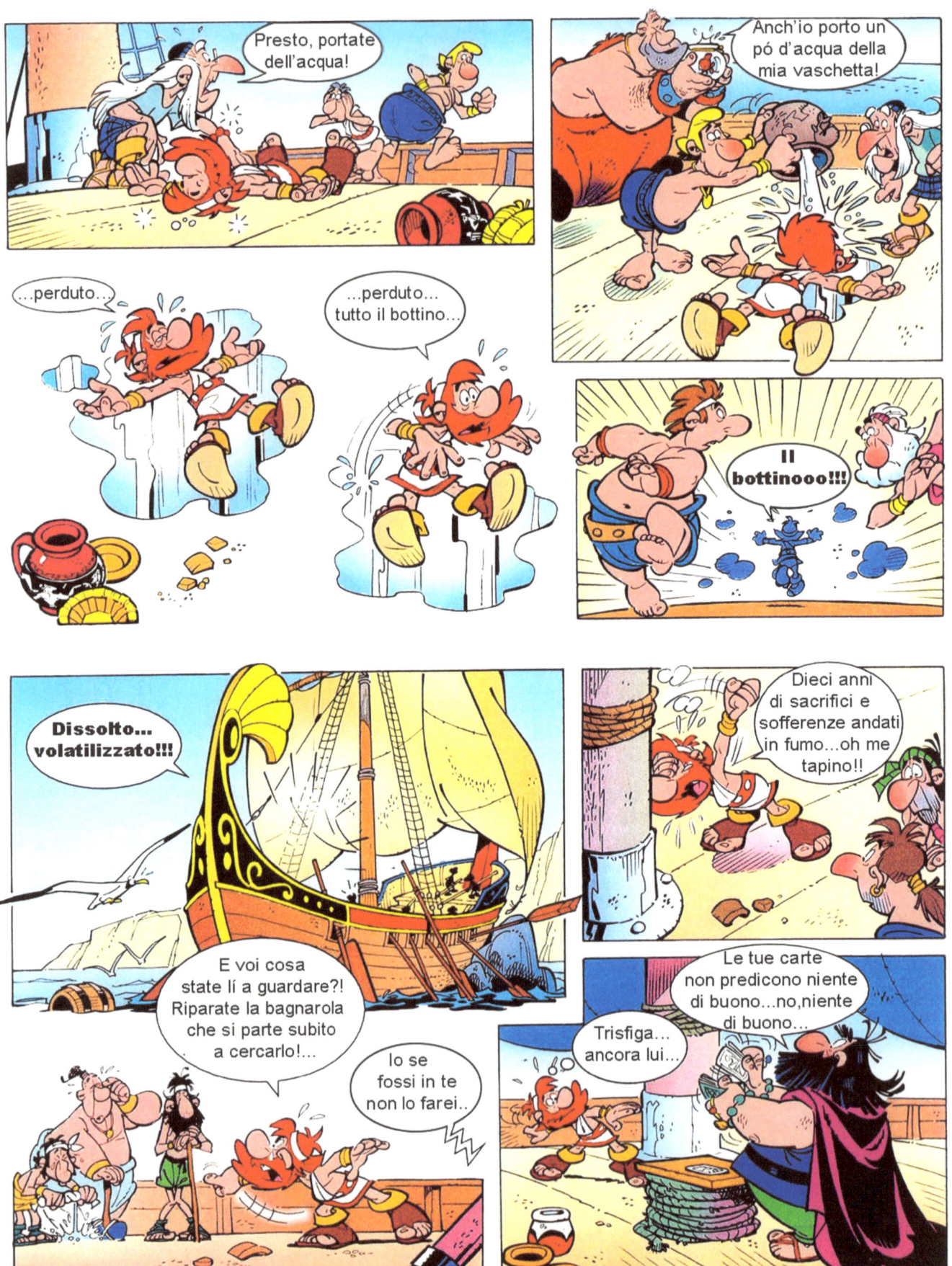

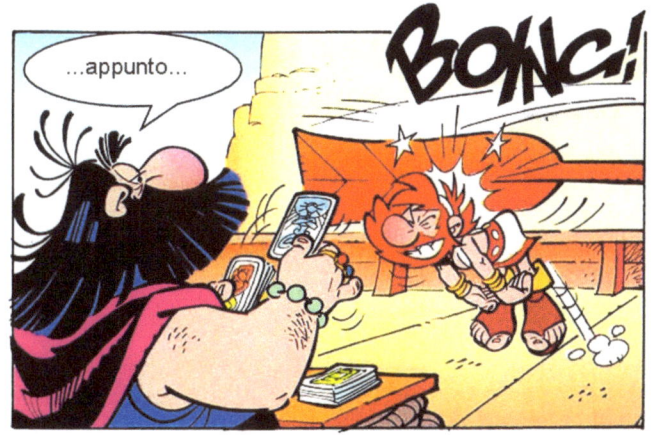
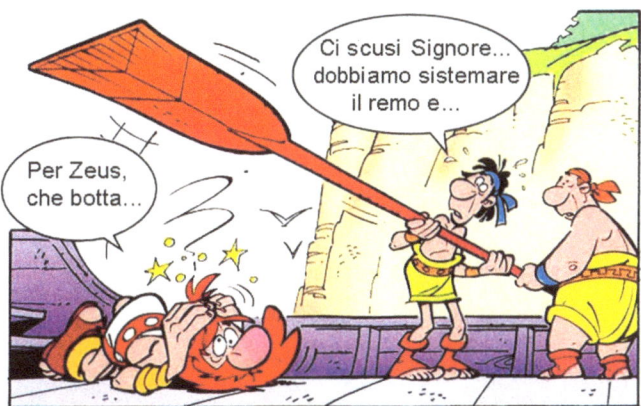
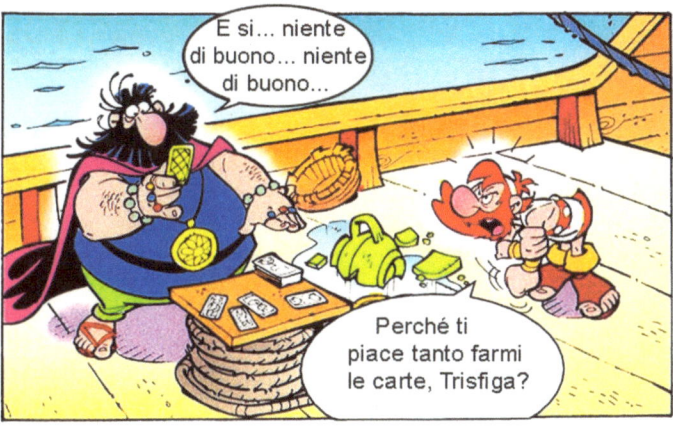
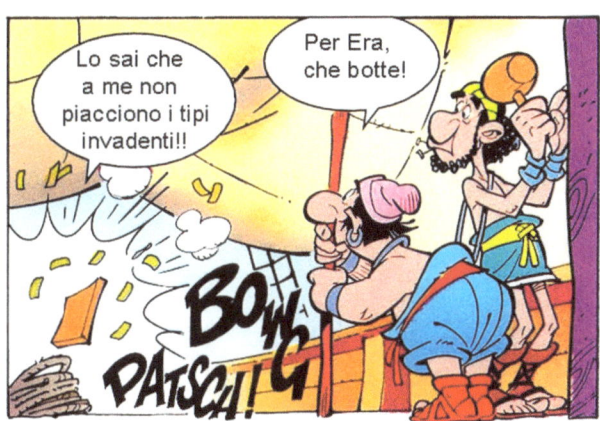
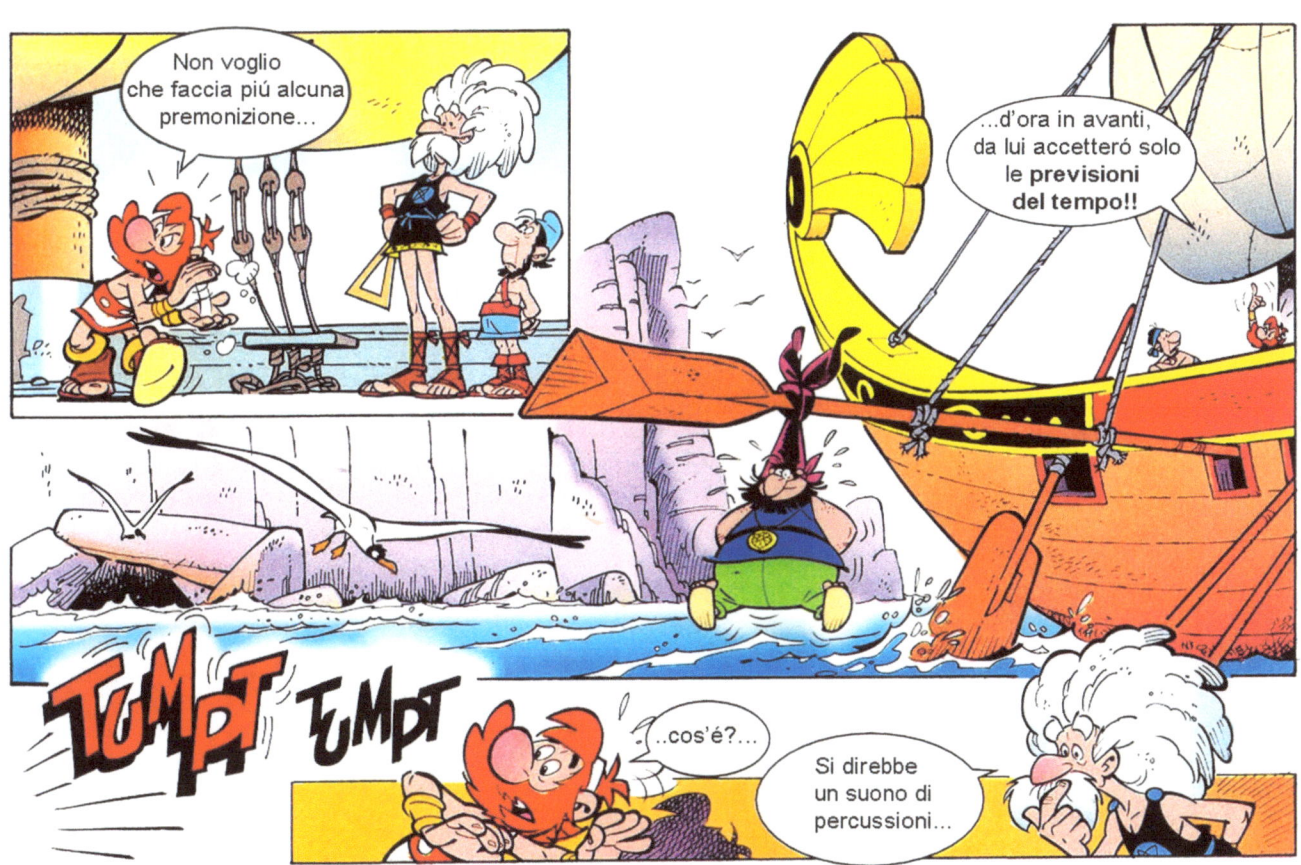

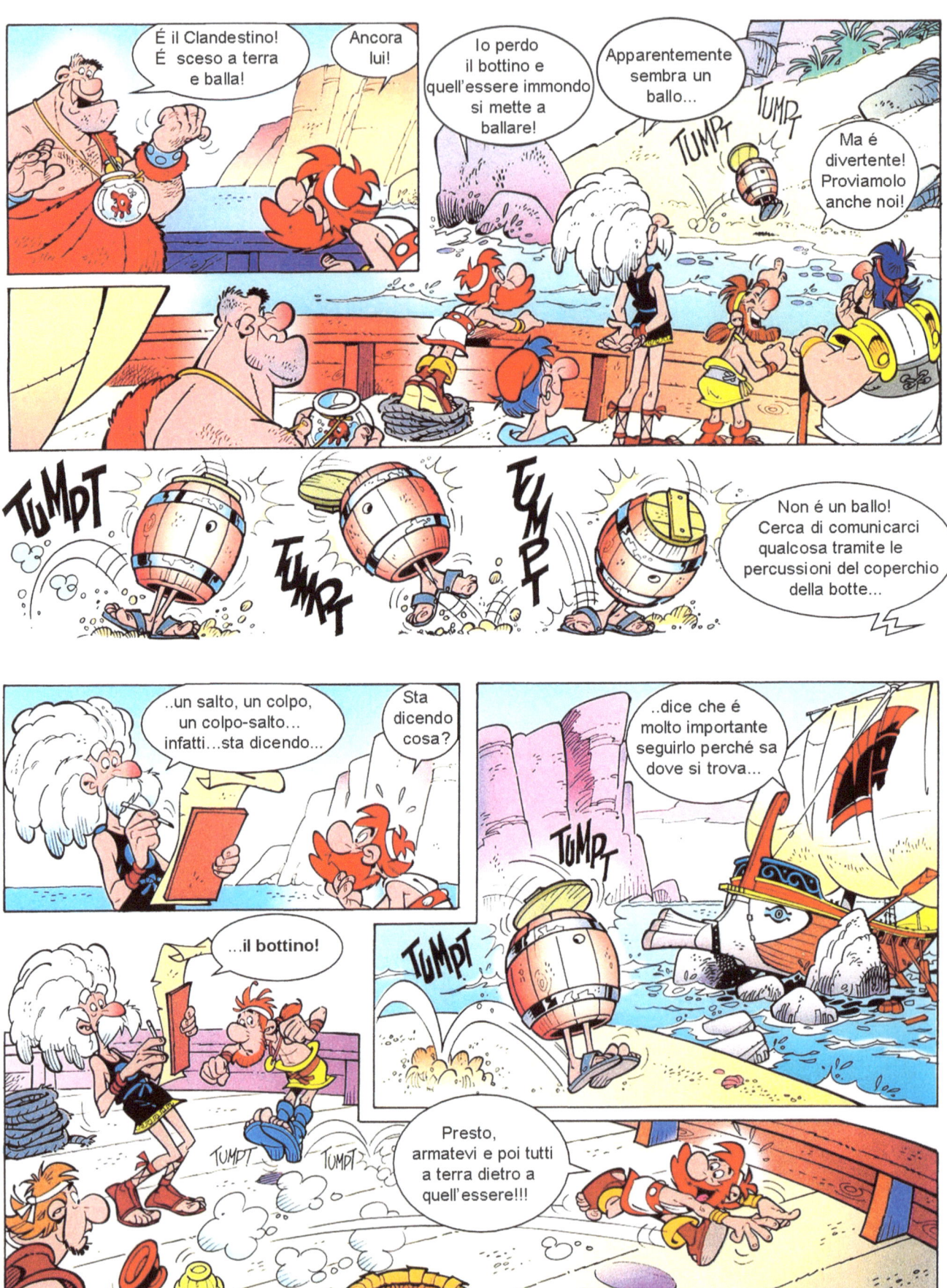

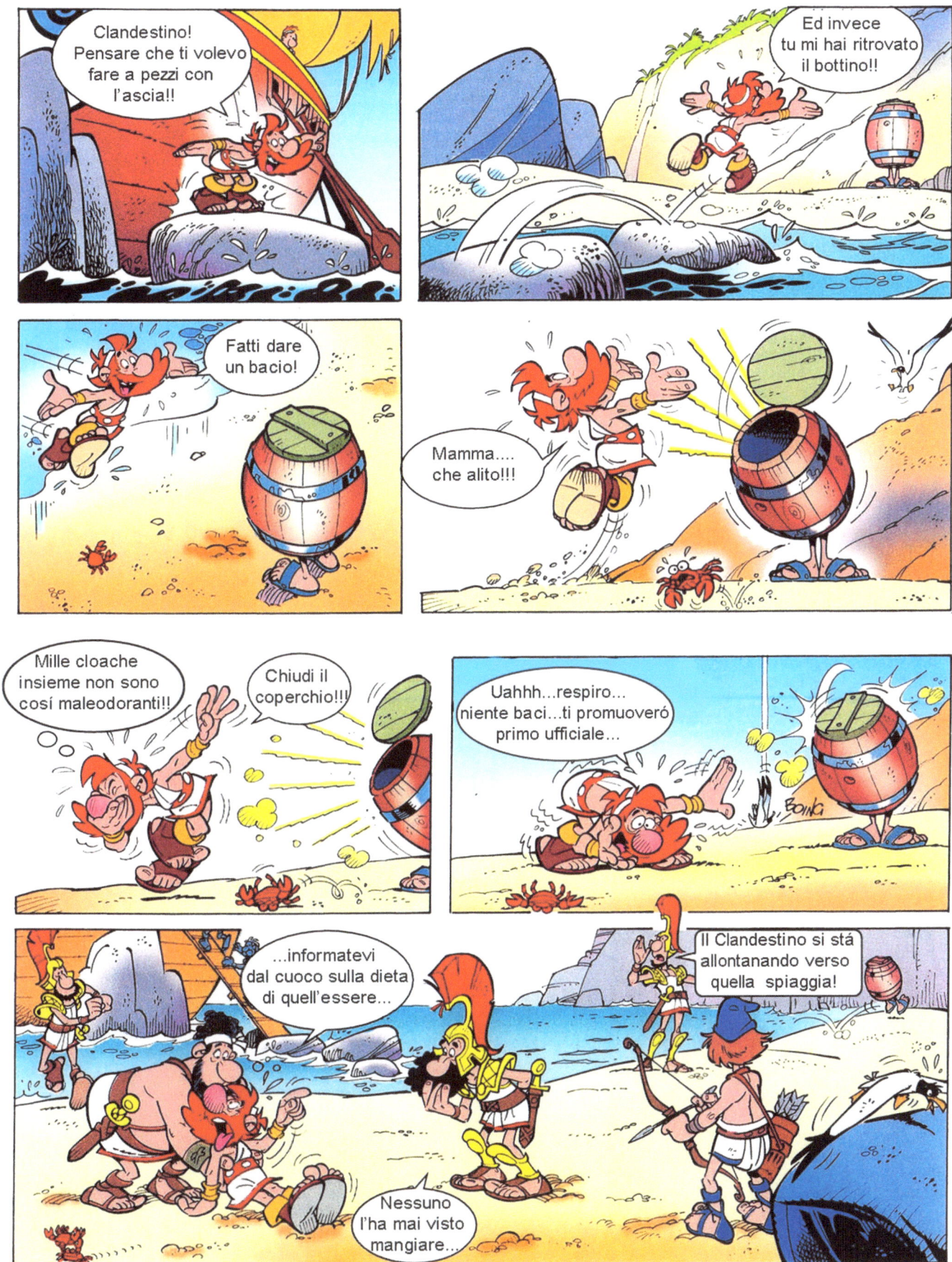

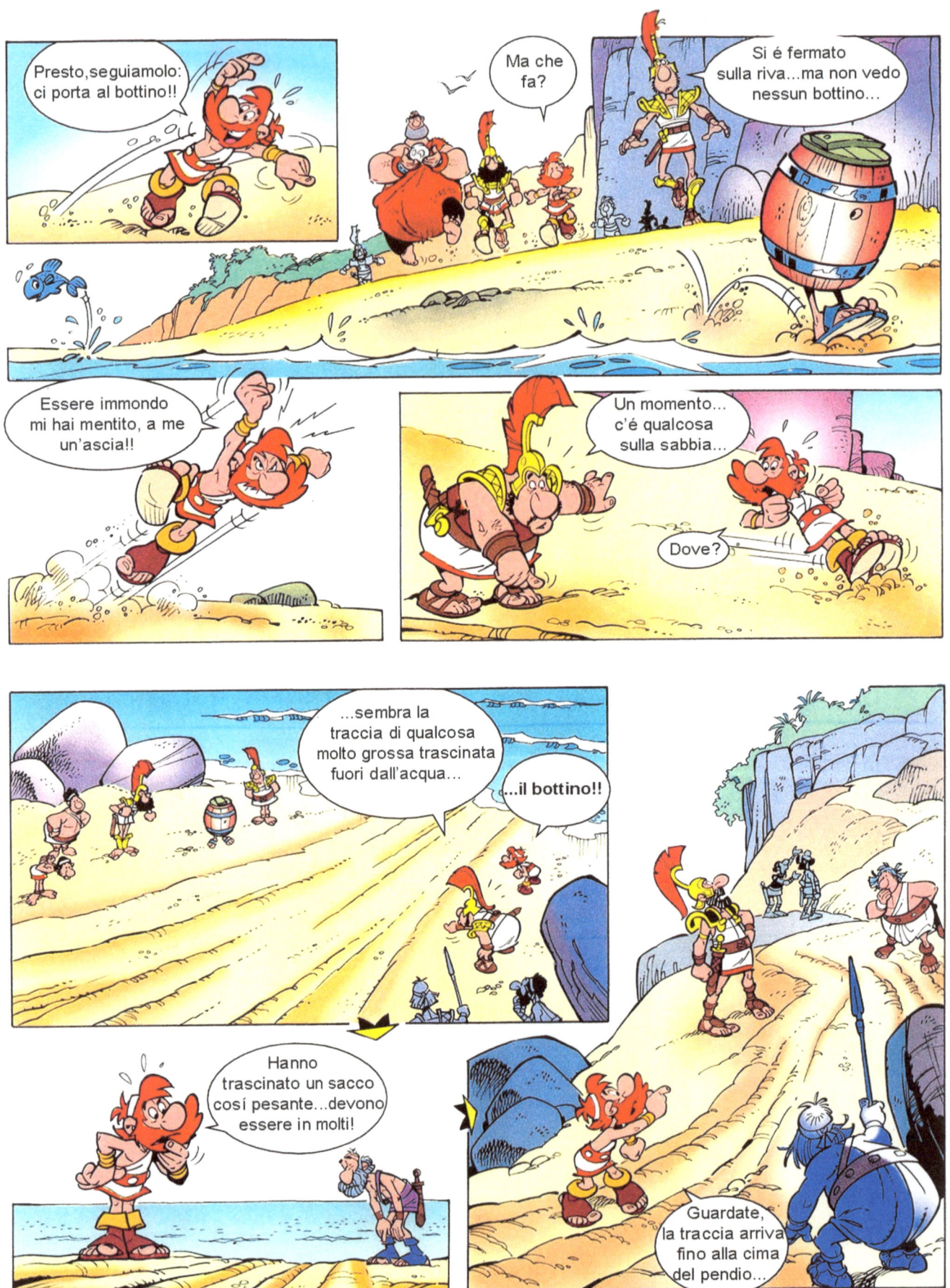

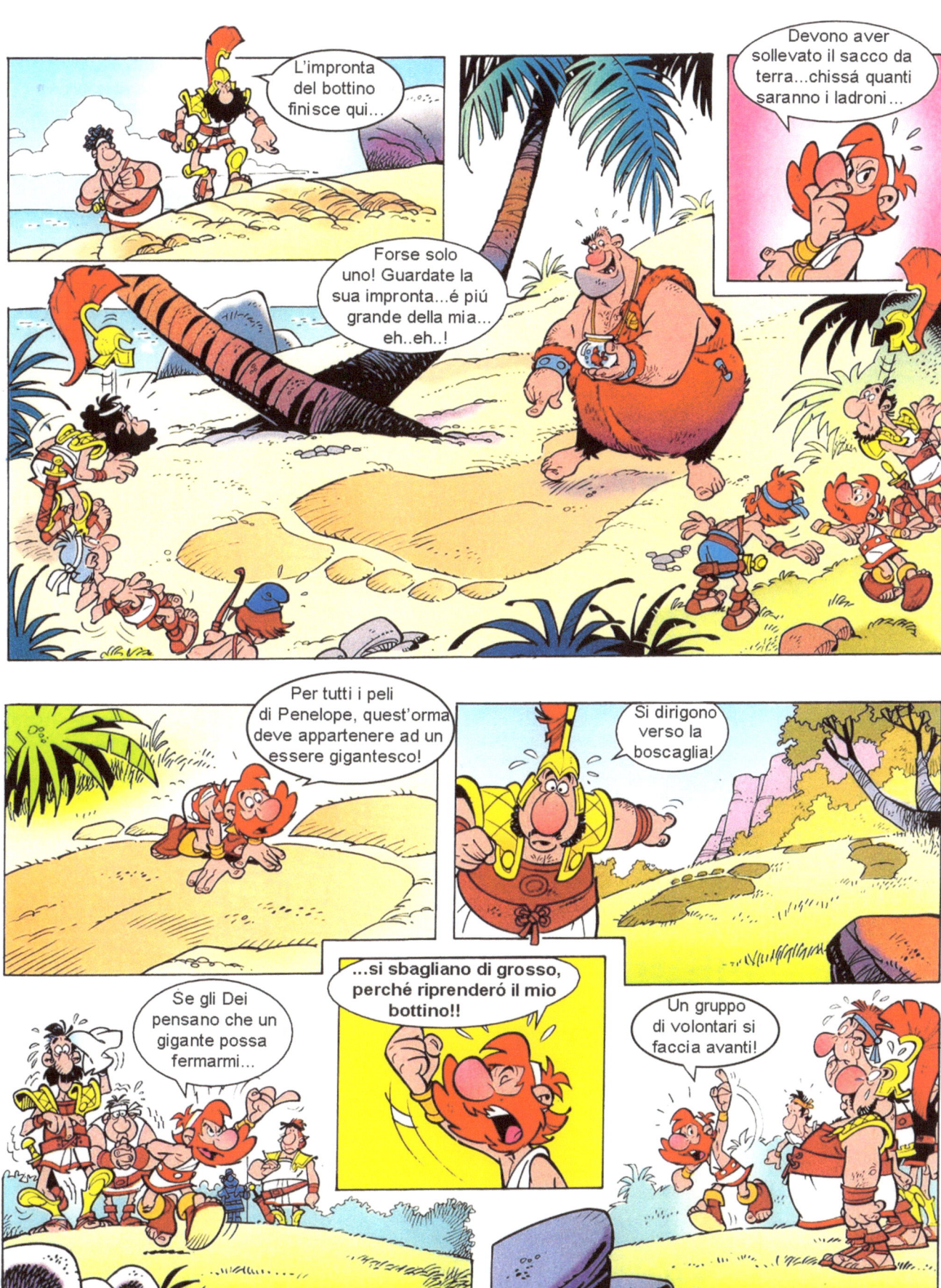

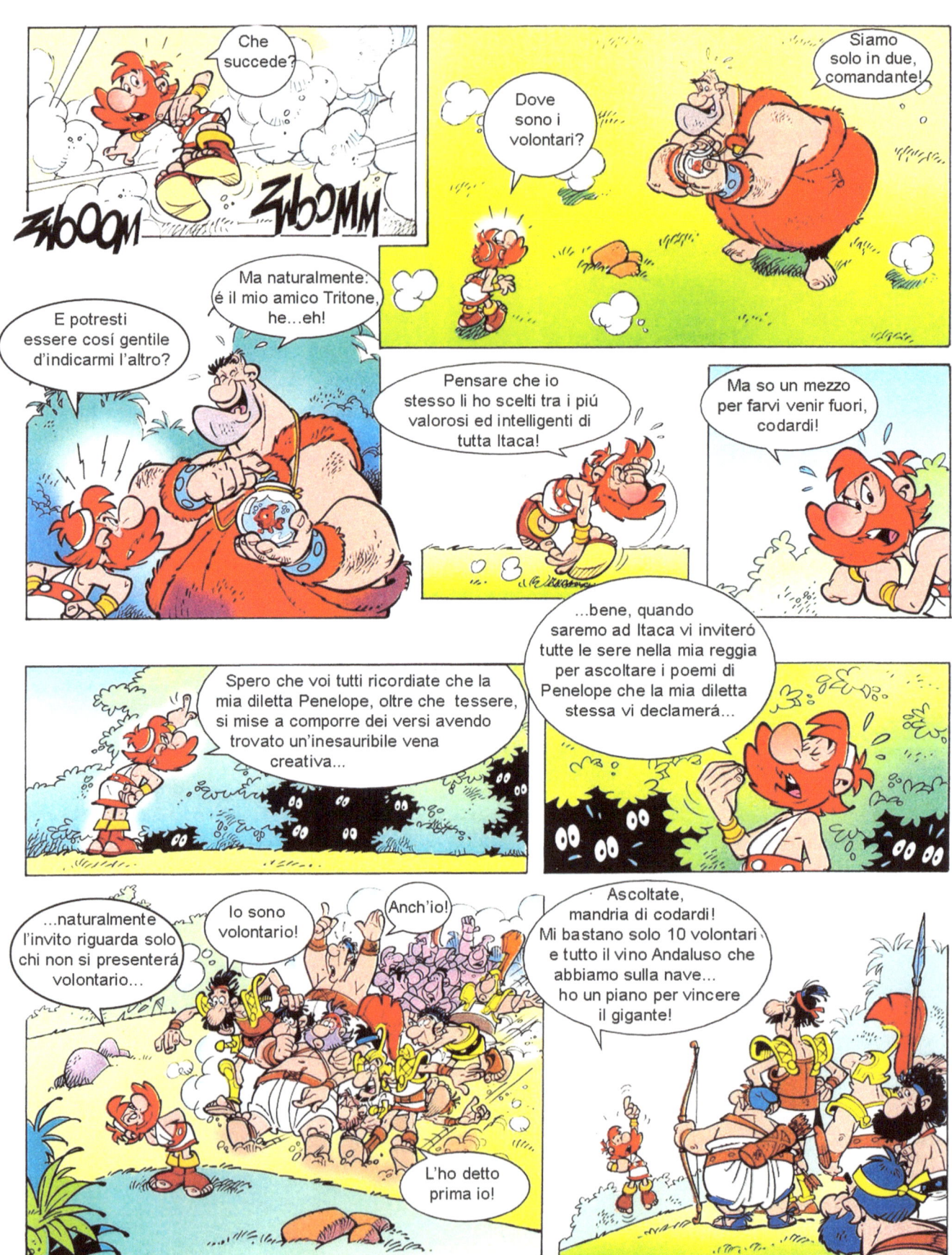

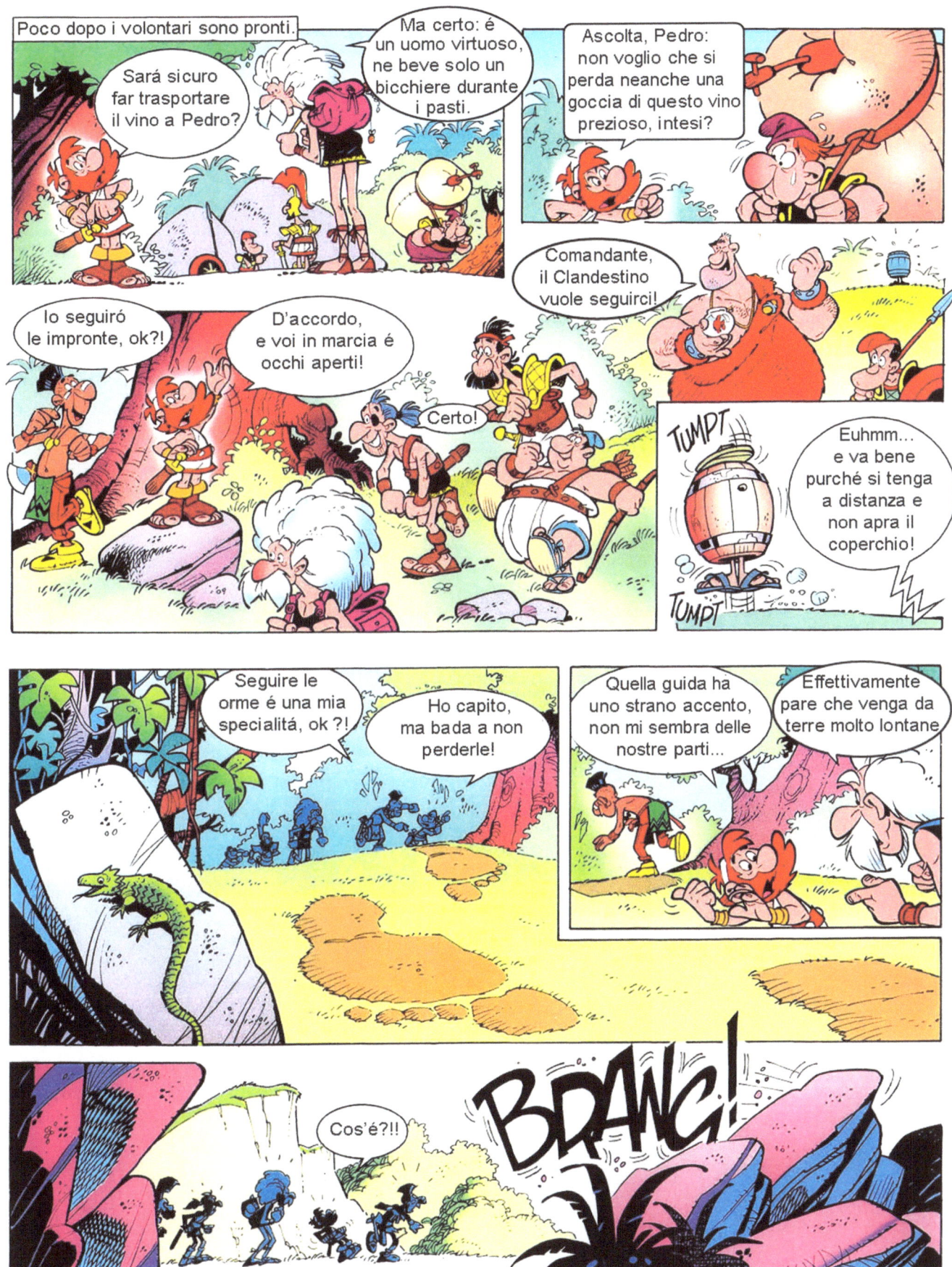

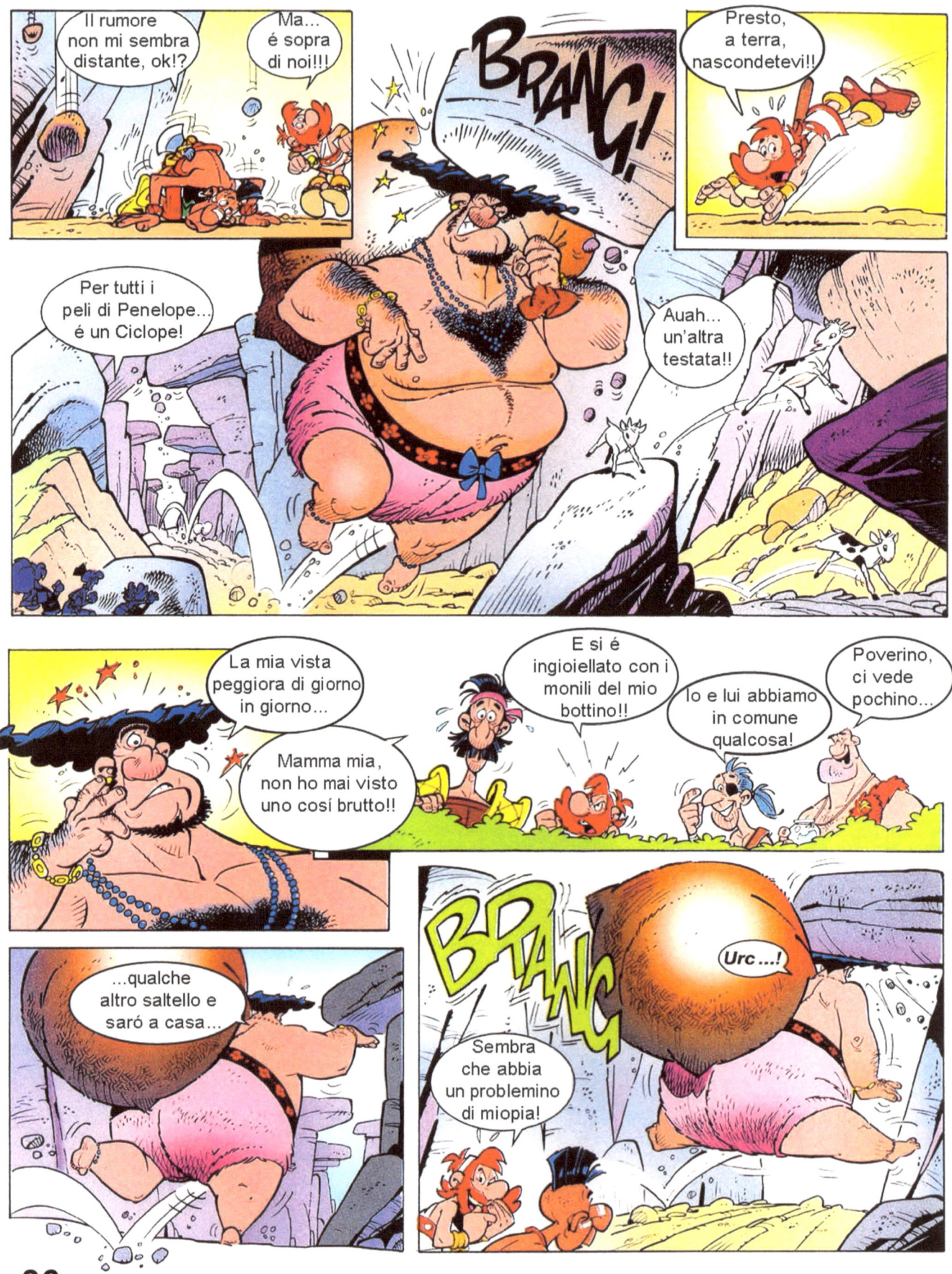

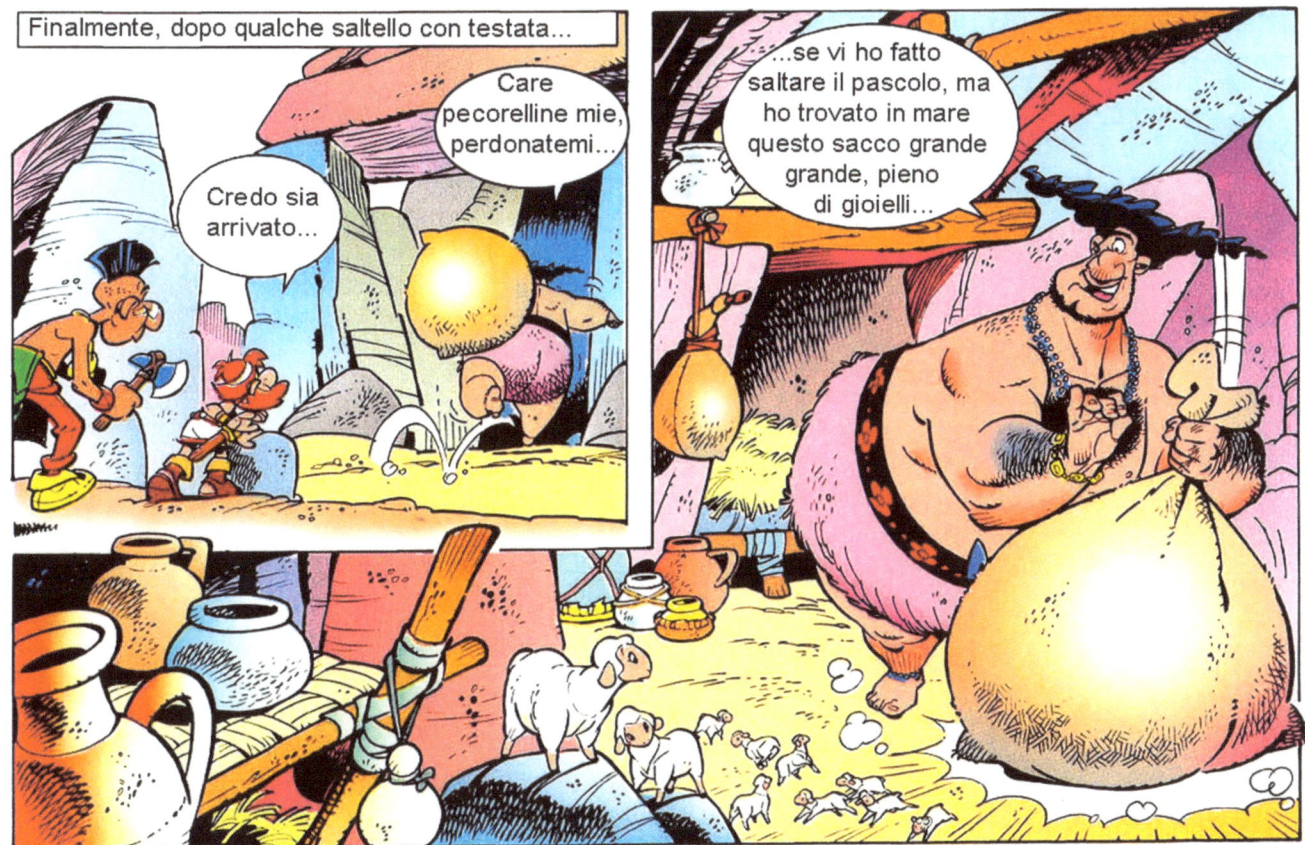

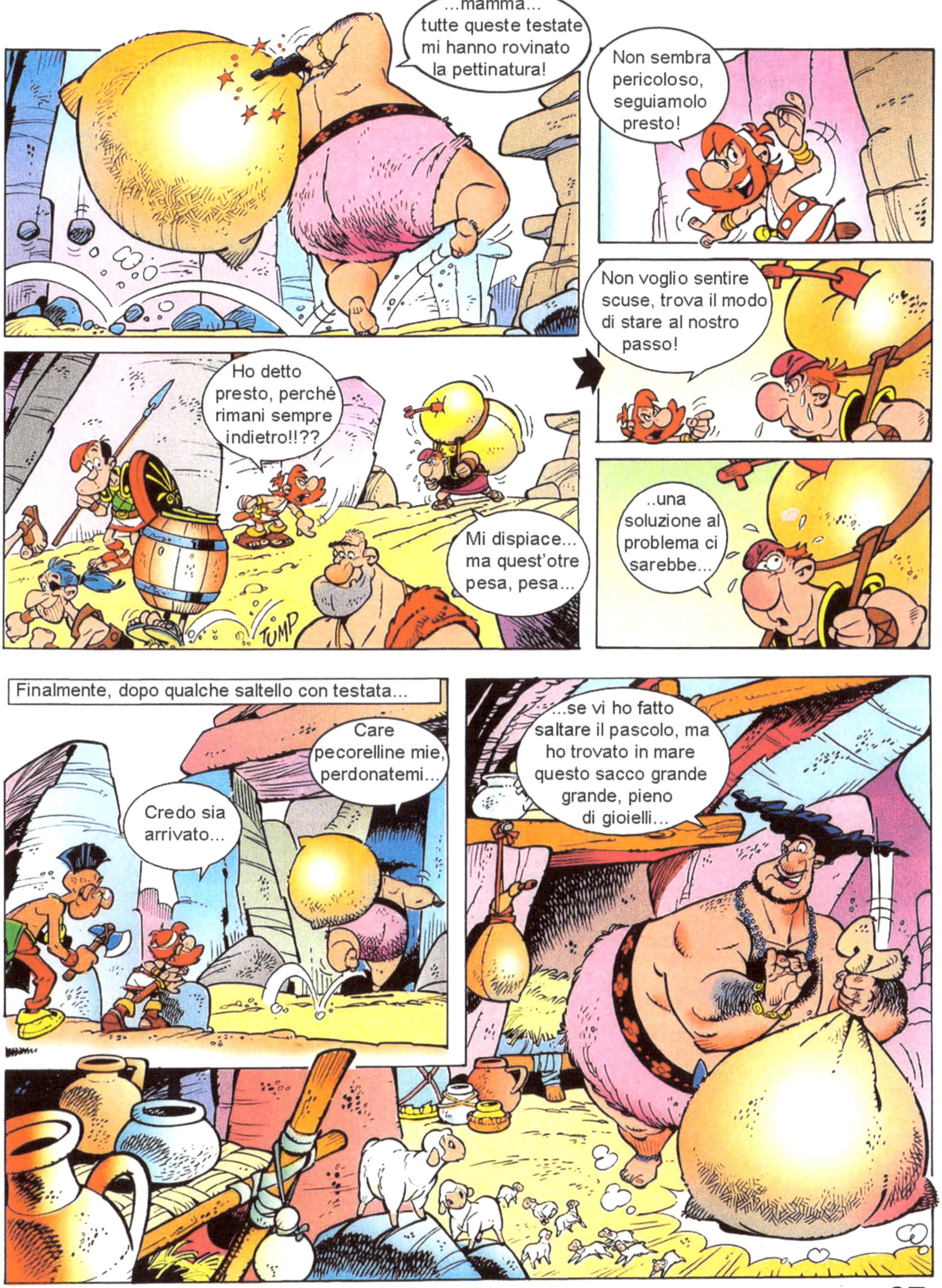

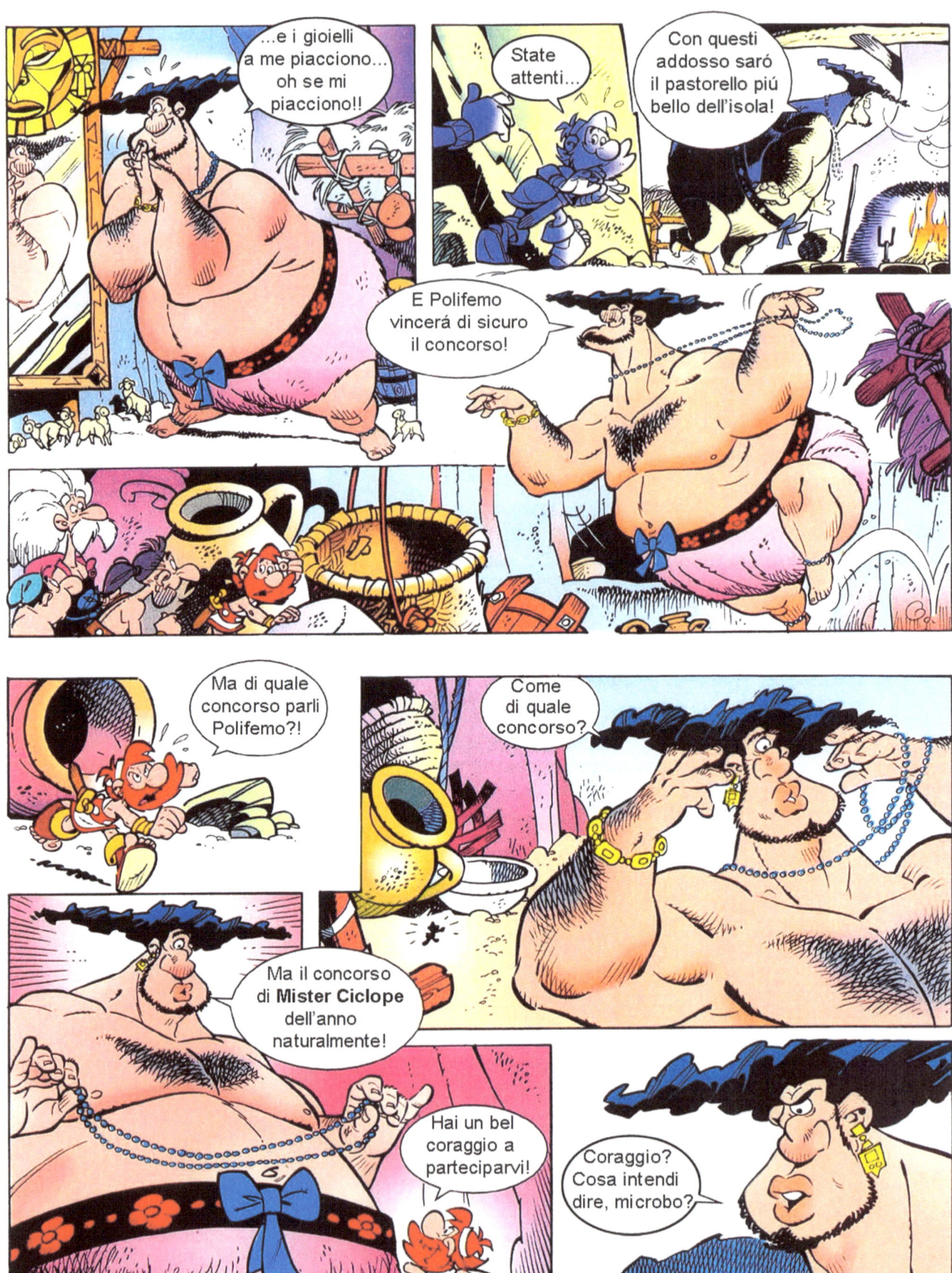

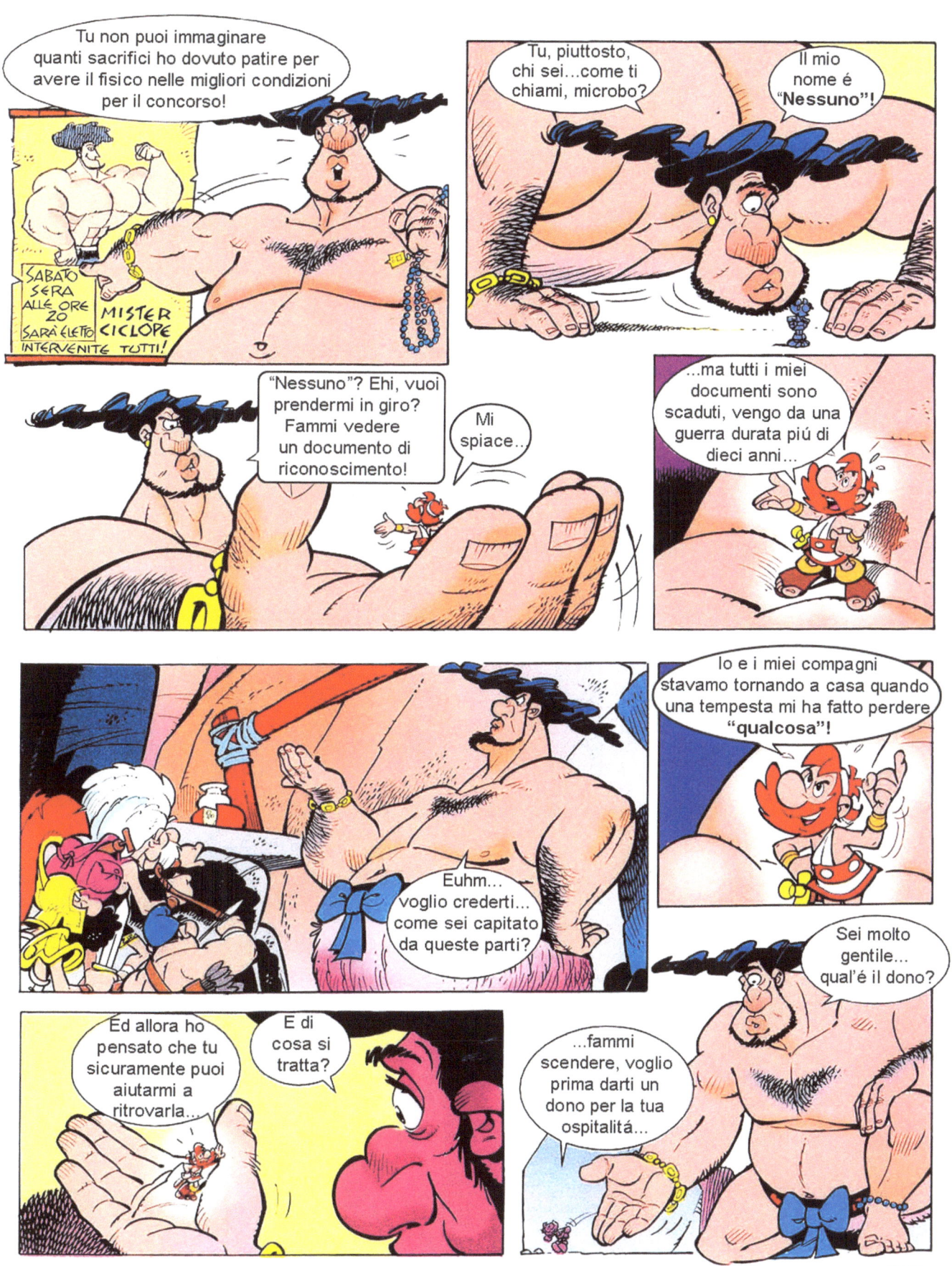

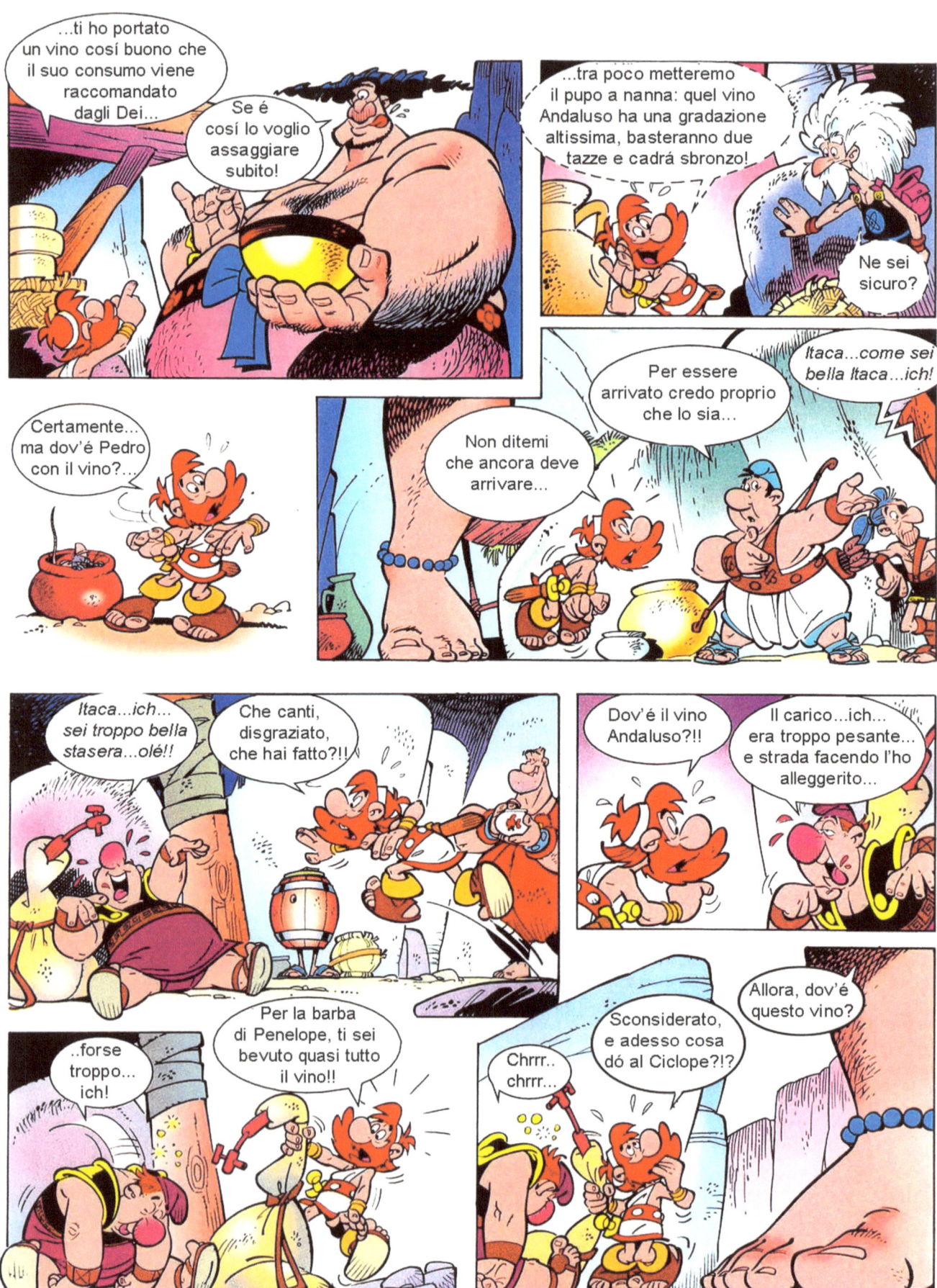

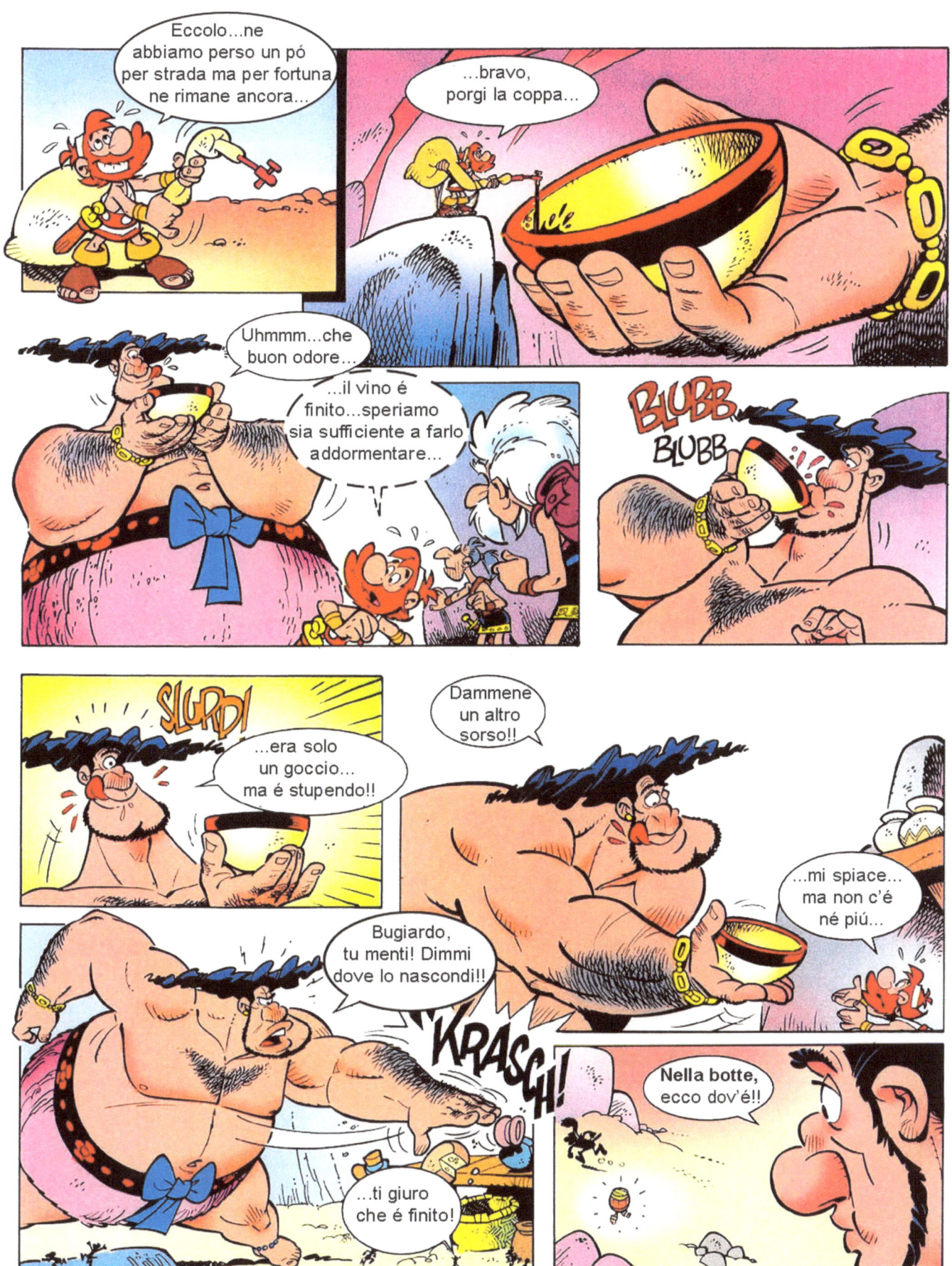

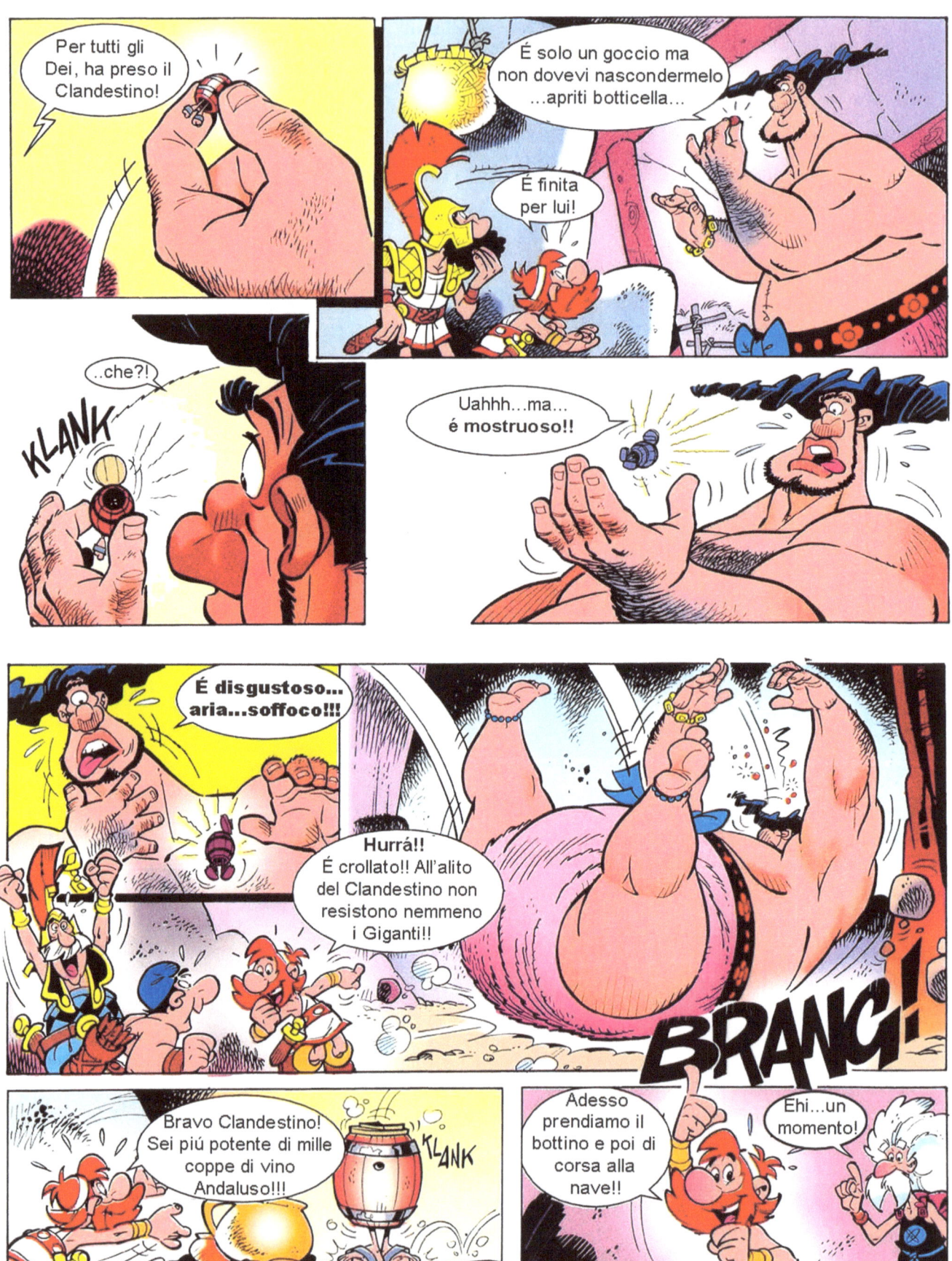

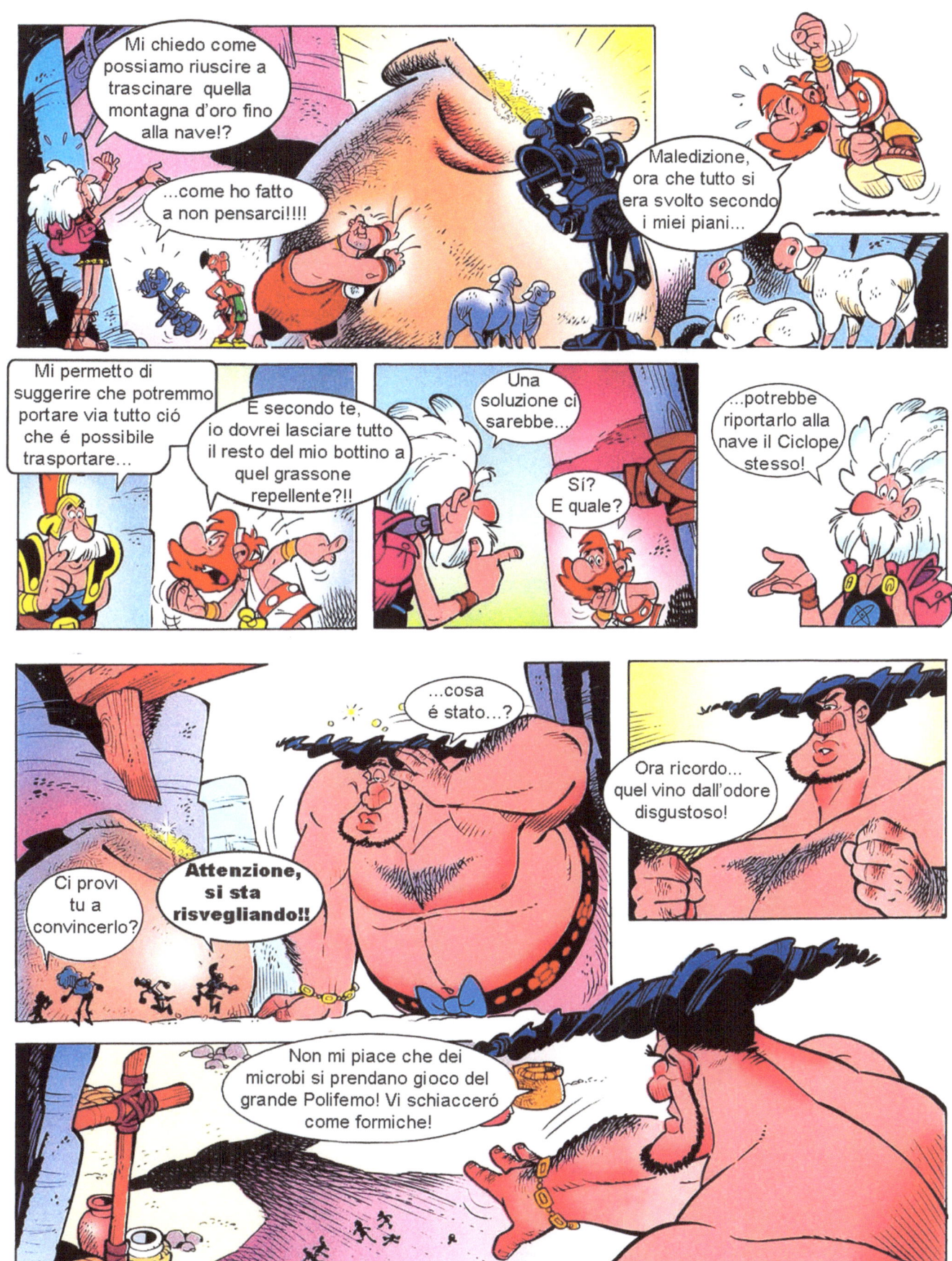

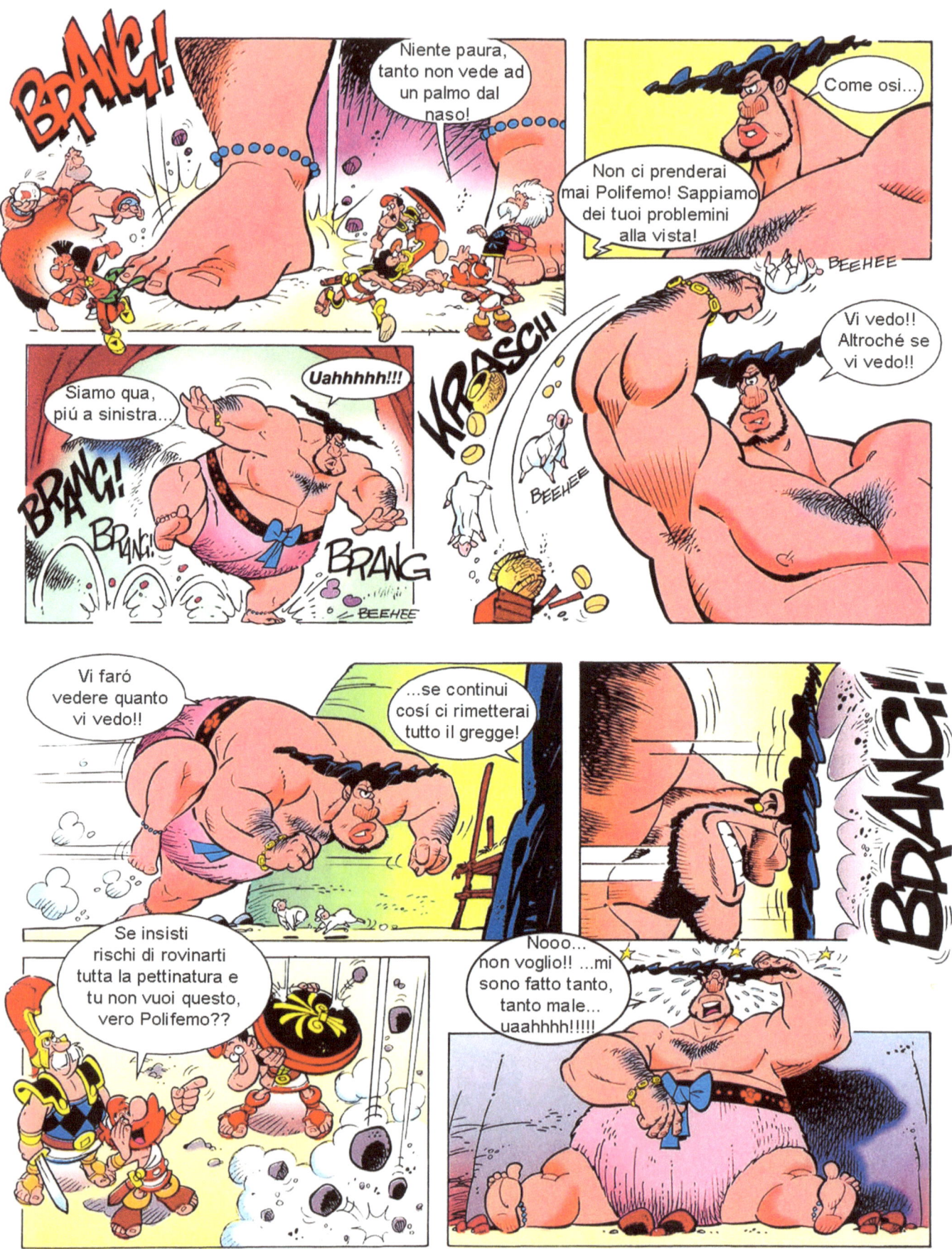

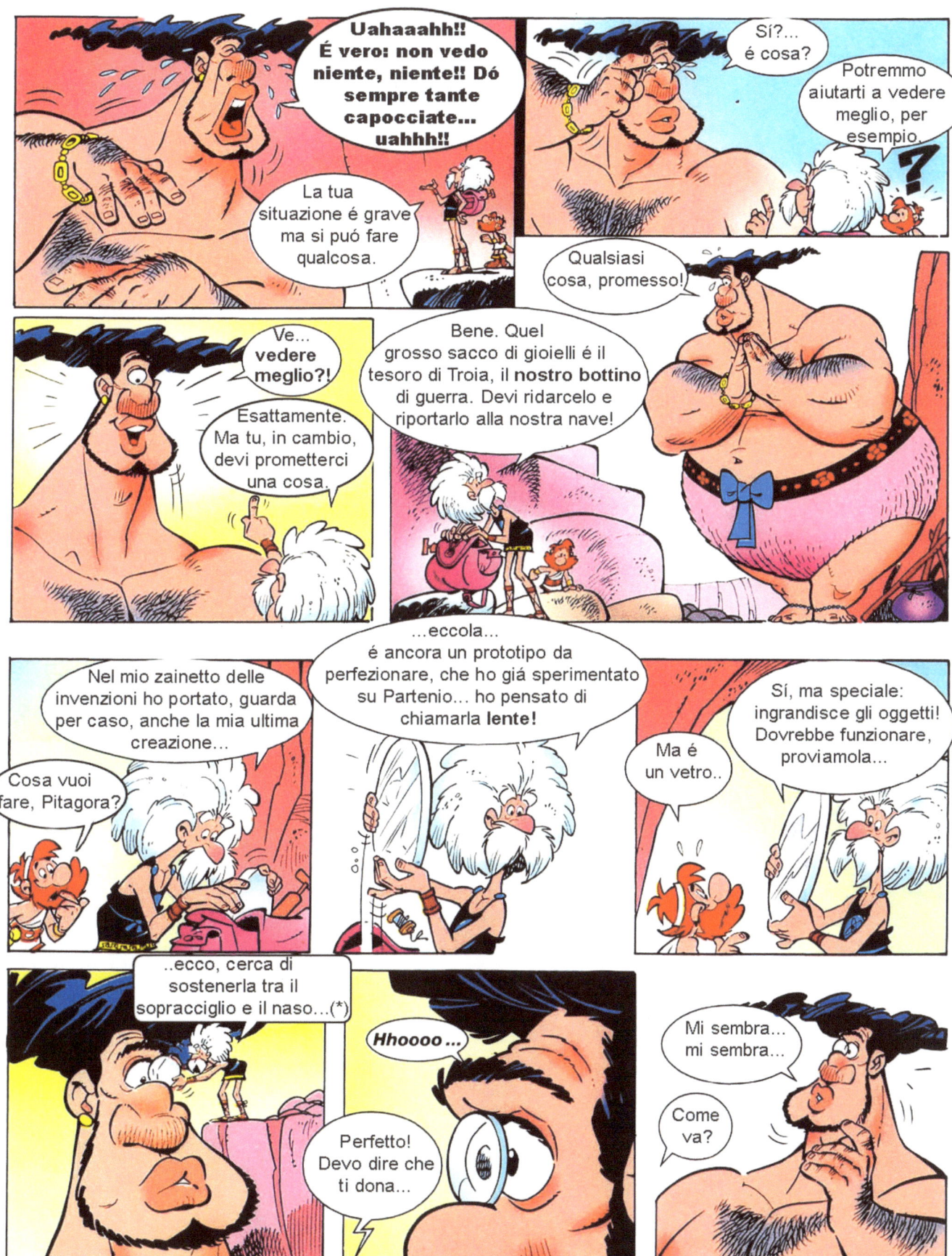

(*) Nota storica: Da qui ebbe origine il monocolo.

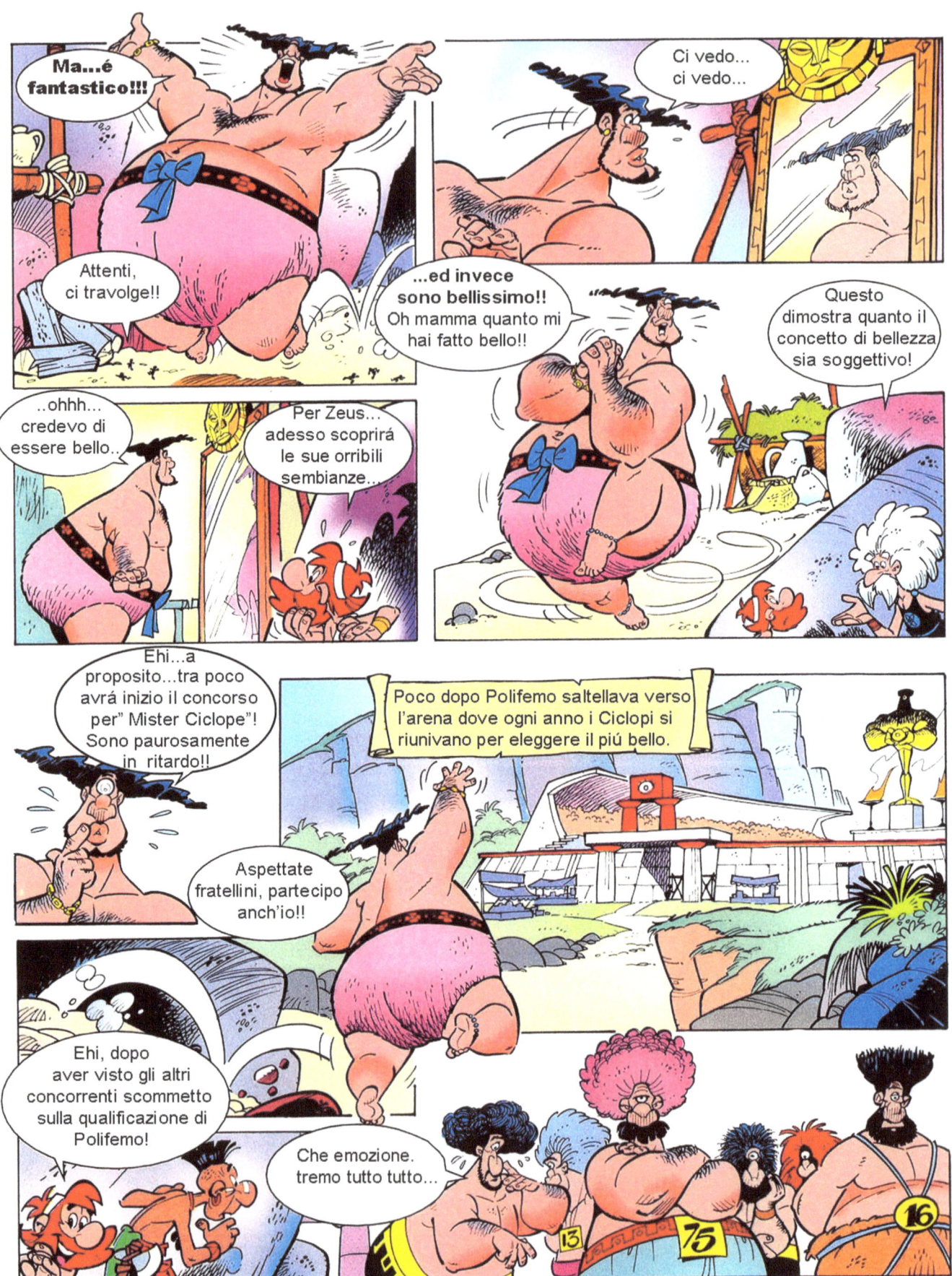

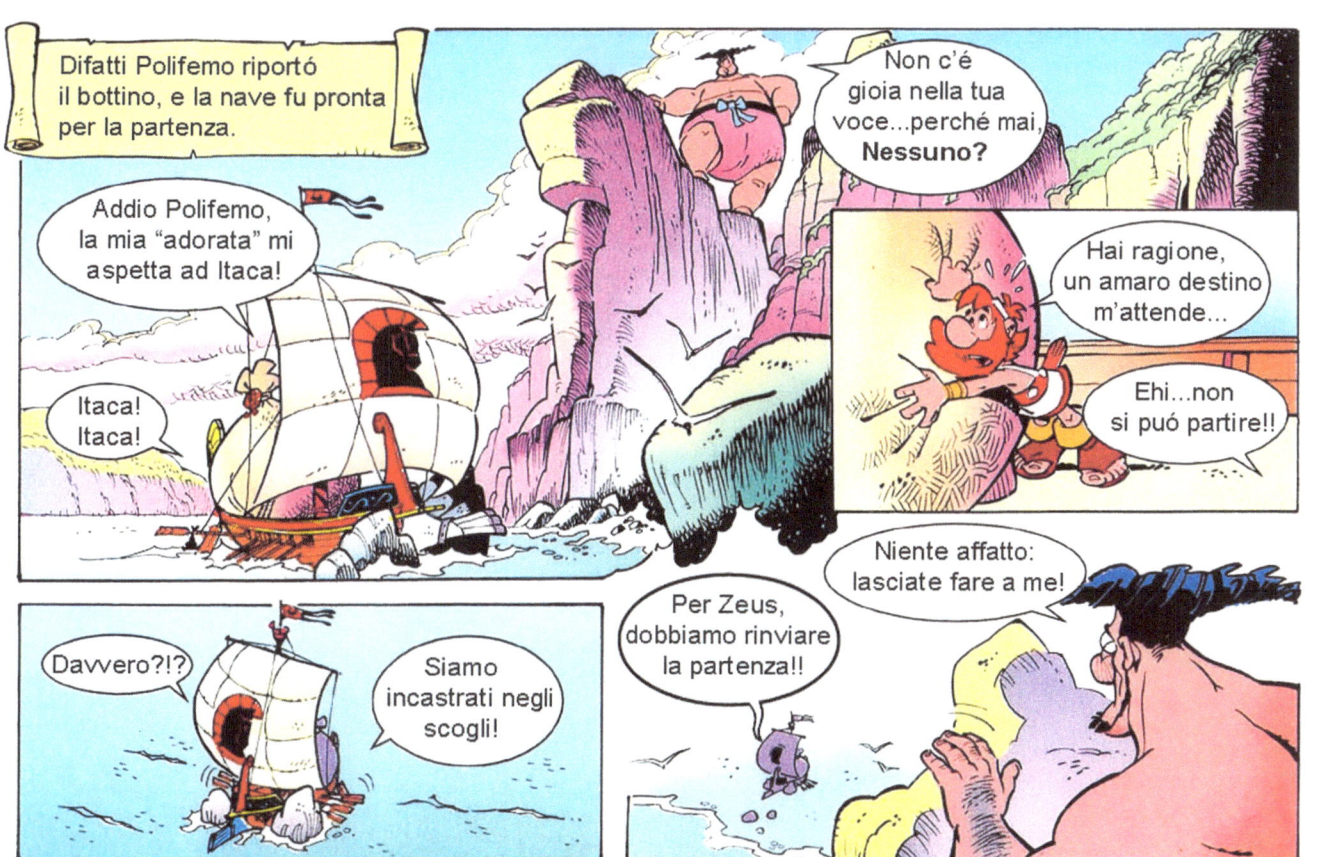

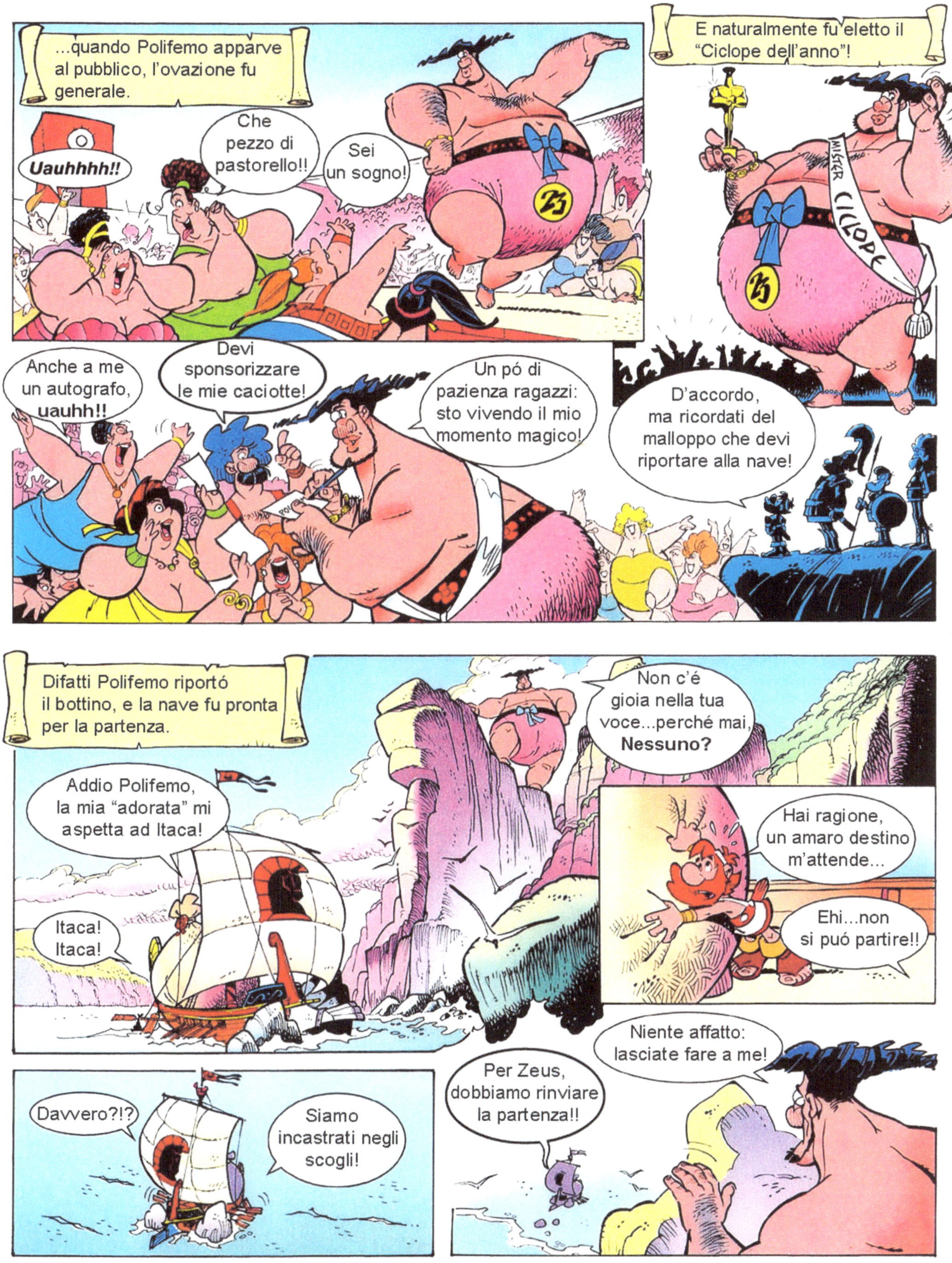

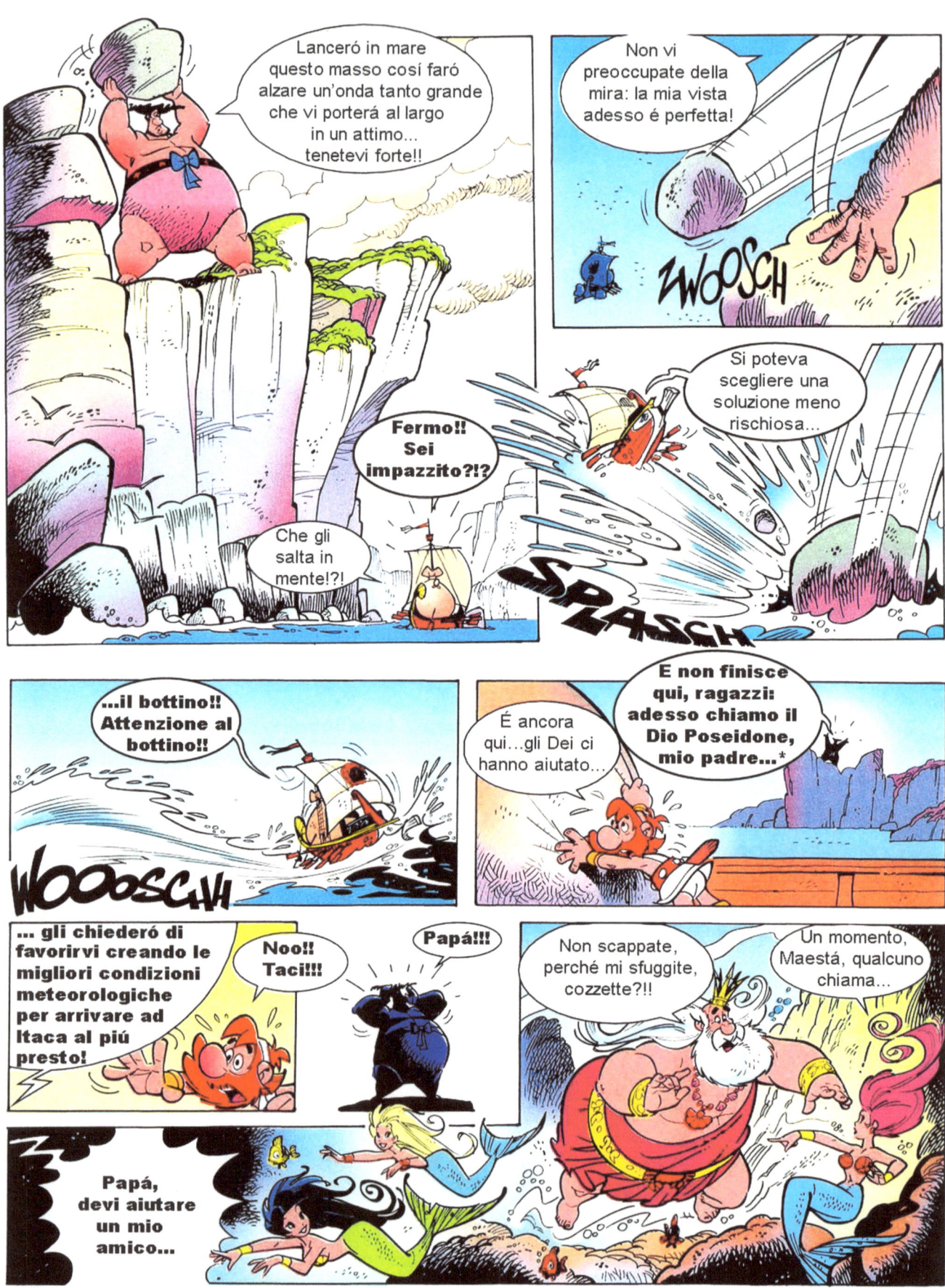

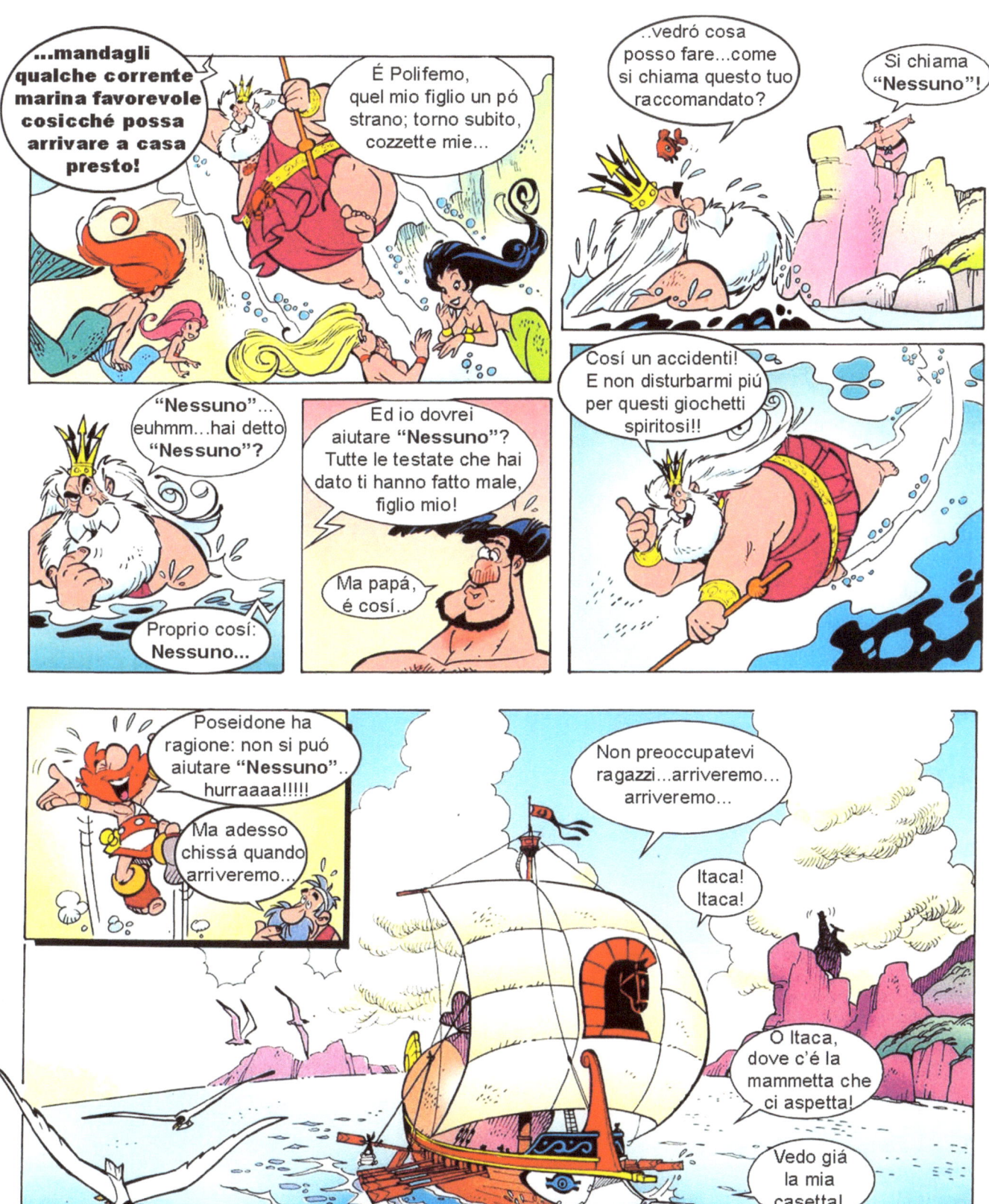

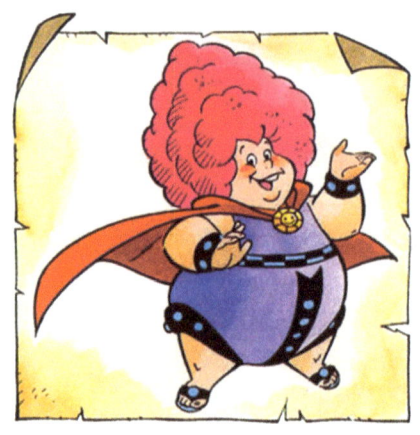

EOLO

Dio dei venti cura molto la sua pettinatura badando che non si scompigli al primo alito di vento.

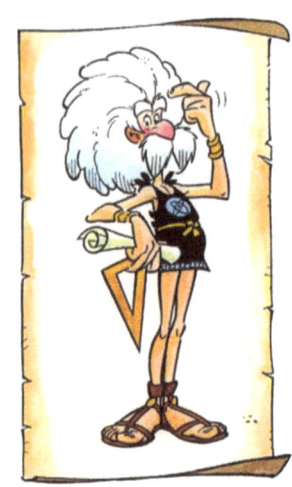

PITAGORA

Tipo Einstein è il grande cervello dell'equipaggio e naturalmente anche un grande distratto.

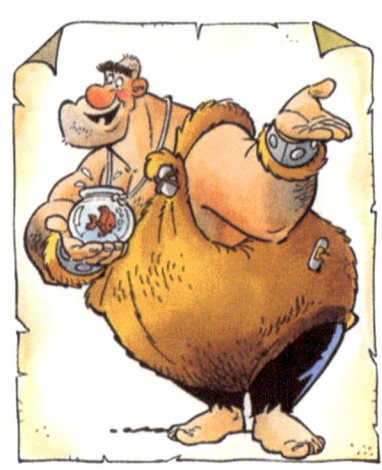

IONICO

Il gigante buono di bordo. Ama gli animali e in particolare il suo pesciolino rosso al quale riserva ogni cura.

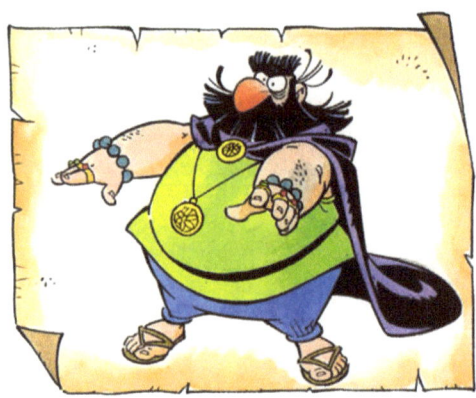

TRISFIGA

Questo personaggio è lo iettatore di bordo e naturalmente tutti cercano di starne alla larga.

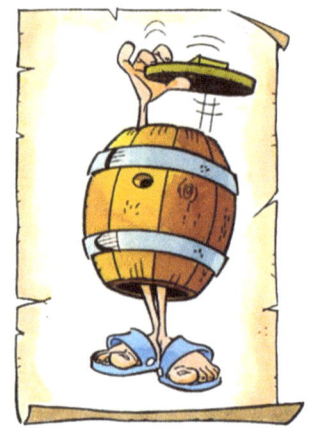

IL CLANDESTINO

Nessuno sa come sia finito a bordo. Simile ad un Paguro non esce mai dalla botte e la sua identità è sconosciuta. I suoi poteri sono innumerevoli e straordinari. Non aprite quella botte!

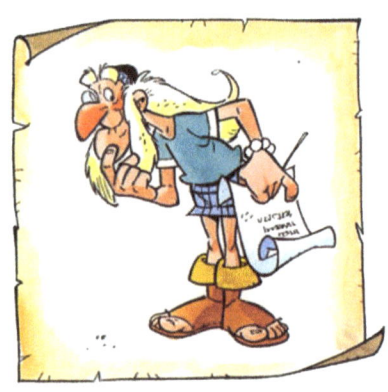

PARTENIO

E` il contabile di bordo addetto alla cura del bottino di Troia.

www.ingramcontent.com/pod-product-compliance
Lightning Source LLC
Chambersburg PA
CBHW051221220526
45473CB00003B/1119